KB114996

마술처럼
풀리는 인간관계

상대방의 마음을 여는
재밌고도 쉬운 마술 127가지

마술처럼
풀리는 인간관계

니키 지음

위너스북
WINNER'S BOOK

추천사

'마술처럼'이라는 수식어에 걸맞은 마술 사용설명서이자, '마술적' 활용에 바탕을 둔 인간관계 실용서.

_일루셔니스트 이은결

불가능을 안고 마술 같은 결과를 보여줘야 하는 순간이 삶에서 자주 일어난다. 사람들의 기대, 긴장되어 떨리는 손, 의심하는 마음, 손에 쥐어진 동전 한 닢…. 그럼에도 용기를 갖고 걸어가는 것, 그리고 우리가 믿는 것을 보여주는 것. 이미 당신과 내가 자주 해오던 일이 아닌가. 니키와 함께 가볍고 즐거운 마음으로 마술을 시작해 보자. 준비물은 휴지 한 장이면 충분하다.

_74만 그림 유튜버 이연

인간관계라는 난제에 마술이라는 해답을 찾은 느낌. 이렇게 많은 노하우를 공개할 줄 몰랐는데 감동이다. 이 책을 통해 마술이라는 새로운 언어를 배운다면, 당신은 특별한 사람이 될 것이다.

_88만 과학·공학 유튜브 채널 〈긱블〉 대표 차누

니키의 마술을 보면 '우와!'라는 신기함을 넘어, '우와…'라는 감동의 탄식이 저절로 나온다. 인생에 마술 같은 순간이 있길 상상한 적 있는가? 그렇다면 언어의 마술사로서 풀어낸 이 책을 통해 니키의 인생 이야기를 꼭 만나보자.

_종이비행기 국가대표 위플레이팀 이정욱

책을 읽는 것만으로도 마술을 당장 시작하고 싶어진다. 그리고 책을 읽으면서 내적 성장을 하는 느낌도 받았다. 마음이 단단해지는 느낌. 이 자체로 마술이 아닐까?

_팔씨름 국내 챔피언(78kg) 홍지승

마술 하나 배웠을 뿐인데
인생이 풀린다고?!

인간관계는 신기하게도 상대방의 사소한 행동 하나 차이에도 큰 영향을 받습니다. 말투나 표정 하나만으로 기분이 좋아지기도 하고 기침 소리만으로도 눈치를 살피게 되죠. 이처럼 모든 인간관계는 마음처럼 잘 풀리지 않습니다. 내 의사와 상관없이 오해를 사는 경우도 있고 실수를 해서 꼬여버리는 일도 있어요. 이렇게 내 마음 같지 않은 인간관계를 위해서 꾸준히 노력하는 사람들도 있고, 때로는 인간관계를 잘 풀어나가는 게 어려워 새로운 사람과의 만남 자체를 기피하는 사람들도 있습니다.

"첫 만남부터 상대방이 나에게 호감을 느끼게 할 방법은 없을까?"

호감이라는 감정이 생겨나기 위해서는 가장 먼저 상대방이 나에게 '관심'을 보여야겠죠? 상대방이 나에게 관심을 두게 되는 것만으로도 일단 꽁꽁 얼어붙어 있던 경계의 벽이 허물어지게 될 거예요. 그런 순간을 위해 마술을 사용해 보세요. 여러분 스스로 풀어내기 힘들었던 다양한 상황들이 기대되는 순간으로 변하게 될 수 있고, 어렵게만 느껴져 다가가기 힘들었던 사람들을 부담 없이 만날 수 있게 될 거예요. 더 나아가서는 그들을 웃게 하거나 놀라게 할 수도 있어요.

이 책에서는 다양한 상황에 어떤 마술을 어떻게 사용하면 상대방과의 관계를 원만하게 시작할 수 있는지, 저와 제 지인들이 직접 경험한 노하우를 소개하고 그 비결을 알려드리려고 해요.

인간관계는 두 사람 이상이 있어야 성립이 되고, 두 사람의 만남이 필수적이죠. 여러분이 마술을 아주 조금 할 줄 아는 것만으로도 하는 일이 더 잘 풀리고 인간관계가 극적으로 달라질 수 있어요. 또한 어딜 가도 주목받게 될 거예요. 누군가 제게 "마술을 만나기 전과 후로 가장 많이 바뀐 게 뭐예요?"라고 물어본다면 정말 여러 가지가 달라졌지만 그중 운이 가장 좋아졌다고 말할 수 있을 것 같아요.

운은 타고 나는 게 아니냐고 생각하시는 분들도 계실 거예요. 물론 타고나게 운이 좋은 그런 사람들도 있지만 모두가 그렇지는 않아요. 유년 시절에는 평범함보다도 오히려 불행한 일이 많았던 저는 마술을 만난 후에 더 많은 기회를 스스로 만들어낼 수 있는 사람이 됐어요. 그리고 그 기회를 잡기 위한 노력을 하게 되면서 내향성을 극복해 기적 같은 삶을 살게 됐죠.

20대 초반에 돈 한 푼 없이 집을 나와 30대 초반에 자수성가를 할 수 있었던 저의 수많은 이야기와 노하우를 전부터 꼭 책을 통해서 알려드리고 싶었는데요. 마술을 단지 취미나 볼거리가 아닌 하나의 언어로 사용해 마술이 가진 한계성을 넓힐 수 있도록 늘 지도해 주시고 깨달음을 주신 일루셔니스트 이은결 선배님과 같은 뜻으로 마술의 가치를 높이기 위해 함께 노력해주는 니키아티브 식구들, 제가 하고 싶은 걸 하며 살아갈 수 있도록 조금의 부담도 주지 않으시며 한결같이 믿어주신 부모님, 그리고 회사의 큰 위기가 찾아왔을 때 자신의 일처럼 나서서 도와주셨던 오계봉 사장님, 긴 시간 동안 항상 옆에서 응원과 배려를 아끼지 않아 준 사랑하는 아내, 항상 겸손한 마음으로 살아갈 수 있도록 가르쳐 주신 우리 할머니와 할아버지, 마지막으로 박혜민 편집자님의 두드림이 있어 이 책이 세상 밖으로 나올 수 있었습니다. 유튜브에서는 차마 하지 못했던 제 이야기들을 과거로 돌아가서 하나씩 하나씩 꺼내 보려 합니다. 끝까지 읽고 싶은 책이었으면 좋겠네요.

　이 책을 읽는 독자 여러분들도 저와 같이 인생과 인간관계가 마술처럼 풀리길 바랍니다.

마술사 니키

차 례

1장 마술로 인간관계가 쉽게 풀리는 이유

2장 나에게 마술이 필요한 다양한 순간들

3장 마술처럼 풀리는 인간관계를 위한 최종 준비

CHAPTER 01

마술로 인간관계가
쉽게 풀리는 이유

마술과 인간관계의
연관성

〰〰〰〰〰〰〰〰〰

"마술은 그냥 쇼 아니야? 인간관계와 무슨 연관이 있는 거야?"

먼저 이렇게 느끼신 분들이 계신다면 마술의 가치를 단순히 쇼나 볼거리 형태로만 접했기 때문에 저렇게 생각하실 수밖에 없다는 생각이 들어요. 하지만 그렇지 않습니다. 마술이 가지고 있는 가치와 가능성은 단순히 볼거리에만 국한되지 않아요. 실제로 미국에는 매직 테라피Magic Therapy 즉 치료를 목적으로 마술을 사용하는 사례가 있습니다. 우리나라에는 대한민국 최고의 마술사였던 이은결씨가 마술을 확장한 개념인 '일루션'이라는 장르를 개척해,

E.G라는 닉네임을 가진 일루셔니스트^{Illusionist}로 활동하고 있죠.

작가는 자기의 생각이나 전달하고 싶은 메시지를 글이나 그림, 영상 등을 메신저로 사용해 상대방에게 전달합니다. 그런 의미에서 마술사도 작가라고 할 수 있습니다. 마술을 하나의 언어로 활용해 관객들과 소통하니까요. 이게 바로 마술과 인간관계의 연관성이라고 보시면 좋습니다. 우리는 사람을 만나 인간관계를 맺기 위해 대화를 하죠. 인상 깊었던 영화나 취미 등의 이야기를 나누며 관계를 시작하는 경우가 대부분일 거예요. 이런 상황에 여러분들이 전하고 싶은 메시지를 마술이라는 언어로 전달하게 된다면 처음 보는 사람들과도 쉽게 다양한 감정을 교류하며 여러분이 의도하는 대로 관계를 맺을 수 있을 겁니다. 아무리 낯선 사람과의 만남을 꺼리는 사람이라도, 마술을 배우고 연습하다 보면 마술을 보여주고 싶은 마음이 생겨나 새로운 사람을 먼저 찾아가게 되기도 하거든요.

더군다나 처음 시도했던 마술 시연을 성공적으로 마치게 되면 큰 자신감이 생길 거예요. 일반적으로 누군가가 나를 놀라워하면서 바라볼 일은 굉장히 드물잖아요. 하지만 마술을 하게 되면 마술을 본 상대방의 놀란 표정과 나를 신기하게 바라보는 표정을 굉장히 자주 볼 수 있게 돼요. 그런 상대방의 반응들이 인간관계를 맺음에 있어서 아주 큰 자신감을 갖도록 해줄 거예요. 실제로 마술의 이런 매력에 흠뻑 빠져 주머니 또는 가방에 간단한 마술 도구를 챙기고 다니는 분들을 그동안 제 주위에서 정말 많이 볼 수 있었어요. 최근에 만났던 분의 이야기를 좀 해드릴게요.

작년 가을쯤 부동산 거래를 하기 위해서 만났던 법무사님은 마술로 인간관계를 풀어나가는 분이셨어요. 제가 이 책에서 알려드리려고 하는 부분에 대해서 이미 직접 체득해 실전에서 사용하고 계시더라고요. 보통 부동산 거래를 하면 문서를 작성하고 각자 빠진 것이 없나 꼼꼼하게 체크할 뿐, 딱히 크게 즐겁거나 유쾌할 리 없는 무미건조한 순간들이 일반적이죠. 근데 갑자기 법무사님께서 주머니에서 무언가를 주섬주섬 꺼내시더니 자기가 정말 마술을 좋아한다며 혹시 직접 마술 본 적 있냐고 물으시더라고요. 그리고 그 자리에서 즉흥 마술을 시연하셨어요. 저는 마술사였고 어떤 마술인지 이미 알고 있었지만 괜히 마술사라는 걸 밝혀서 법무

사님에게 부담을 드리고 싶지 않았어요. 그저 흥미로운 눈을 하고 관객 모드로 가만히 법무사님의 마술을 지켜봤죠.

철사 두 개가 꼬인 간단

해 보이는 퍼즐을 그 자리에 있는 사람들에게 직접 확인하고 풀어 보라며 자신 있게 건네주시더라고요. 이게 간단해 보여도 아무나 할 수 있는 게 아니라며 자신만만한 표정으로 저희를 바라보셨어요. 이 행동은 마술사인 제가 봐도 아주 훌륭한 마술의 시작이었어요. 별다른 관심이 없는 상대에게 흥미를 유발함과 동시에 직접 만져 확인까지 시켜줌으로써 자신감도 보여줬으니까요.

저는 오히려 바람을 잡으며 "이거 진짜 풀기 어렵겠다~"라는 말로 법무사님의 자신감을 더 높여 드렸습니다. 그 자리에 있던 모두가 이 철사를 분리할 방법을 모르겠다는 말이 나오자 그럴 줄 알았다는 표정으로 아주 자연스럽게 철사를 분리해 내는 퍼포먼스를 보여주셨어요. 그렇게 마술 시연은 아주 성공적으로 끝났습니다. 모두가 놀라 손뼉을 치며 법무사님을 바라보는 모습을 보며, 그동안 얼마나 많은 사람에게 이 마술을 시연하셨을지 감탄이 절로 나왔어요. 그렇게 법무사님의 마술 퍼포먼스로 모두가 유쾌하게 부동산 거래를 마치게 되었습니다. 그리고 그 자리에 있던 모두가 조금 전과는 다르게 더 호의적이고 밝은 표정을 갖게 되었다는 것도 눈에 보였어요. 이게 바로 마술이 가진 힘이고 마술과 인간관계의 연관성이라고 생각합니다.

여러분도 TV나 유튜브 등 다양한 매체들을 통해 마술사들이 길거리에서 모르는 사람들에게 마술 시연을 하는 콘텐츠를 한 번쯤 보신 적이 있으실 거예요. 만약 한 번도 본 적이 없다면 지금이라도 핸드폰을 켜서 길거리 마술을 검색해보세요. 그러면 수백, 수천 가지의 길거리 마술 영상이 나올 거예요. 그만큼 마술은 낯선 사람들과의 관계를 맺는 데 있어서 아주 탁월한 효과를 보여줍니다. 그냥 길 가는 사람을 붙잡고 마술을 보여주는 것만으로도 웃으며 금방 친해질 수 있죠. 너무 쉽게요. 그래서 마술사들을 보면 적어도 마술을 하는 순간에는 외향적인 사람들이 많습니다. 마술로 자신의 내향성을 극복한 거죠.

이외에도 마술로 풀어나갈 수 있는 인간관계나 상황이 정말 많아요. 그래서 그런지 저는 인간관계가 어렵다는 생각을 거의 못하고 살아왔습니다. 꽤 오래전부터 마술을 해왔고 제 주위에도 마술하는 사람이 대부분이었기 때문에 인간관계가 어렵다라는 생각 자체를 하기 힘들었어요. 그러다 문득 유튜브 댓글을 보고 생각보다 더 많은 사람이 인간관계를 어려워하고 방법을 찾기 위해 노력한다는 것을 깨달았습니다. 유튜브 콘텐츠에는 정말 다양한 댓글이 많이 달리거든요.

"여자친구를 만들 수 있는 마술을 알려주세요!"
"돈이 생겨나는 마술도 있나요?"

"어버이날에 부모님께 보여드릴 마술을 배우고 싶어요!"
"마술로 순간이동 가능한가요?"

상상을 현실로 만들어내는 마술사의 한계가 어디까지인지 궁금해하는 댓글부터 정말 자신에게 마술 같은 일이 필요한 사람들까지 다양한 분들이 댓글을 달아주십니다. 지금까지 달린 약 50만 개가 넘는 댓글 중 가장 기억에 남는 댓글이 하나가 있는데요. 어떤 아이가 남긴 댓글이었어요.

"니키님 부부싸움을 하시는 부모님을 멈출 수 있는 마술을 알려주세요."

저는 한참을 멍하게 그 댓글만 바라보았고 댓글이 달린 시간을 확인해 보니 늦은 밤이라는 걸 알 수 있었습니다. 가슴 한편이 아리며 너무나 순수한 의도와 댓글에 담긴 절실함이 느껴졌지만 차마 그 어떠한 답변도 달 수 없었어요. 어설픈 위로나 희망이 오히려 큰 절망으로 이끌 것 같다는 생각이 들었으니까요. 그건 마술의 한계가 아니라 제 한계였으며 훗날 꼭 그런 관계도 회복할 수 있게 하는 마술을 만들겠다는 다짐을 하게 되었어요. 정확히는 그런 상황이 일어나지 않는 세상을 만들 수 있는 마술을 만들고 싶어요. 저는 그 댓글을 본 이후 마술과 인간관계의 연관성에 대해 다양한 분석을 해왔고 좀 더 폭넓게 활용할 수 있도록 집필을 결심하게 되었습니다.

하지만 저는 마술사이지 심리학자가 아닙니다. 그들의 심리 상태 자체만을 인지하고 연구하는 게 아닌, 다양한 성향을 지닌 사람들에게 놀라움을 넘어선 감동을 주기 위해서 연구하고 행동하는 사람에 가깝습니다. 그래서 심리학자는 아니지만 마술이 인간관계를 얼마나 쉽게 풀어줄 수 있는지 깨달을 수 있었어요. 이 책에 담긴 내용들을 읽다 보면 더 이해가 가실 거라 생각합니다. 여러분도 마술을 단지 퍼포먼스의 한 장르라고 생각하시기보다는, 하나의 언어로써 사람과 소통하는 나만의 방법으로 생각해 보시면 어떨까요?

나의 내향성
극복 이야기

마술사는 외향적인 사람들만 할 것 같은 직업이지만 저는 어릴 적부터 아주 내향적이었어요. 하지만 인생의 절반 이상 마술을 해오며 내향성을 극복했고, 그렇게 저는 대한민국을 대표하는 마술사 중 한 명이 됐습니다. 국내외 이곳저곳을 누비며 각종 대회 수상및 우승은 물론 수천 회 이상의 공연을 하기도 했죠. 그러다 유튜브를 시작하게 됐고, 현재 대한민국 마술사 중 가장 많은 구독자를 보유한 채널로 성장했습니다. 그렇게 누적 조회수 2억 뷰가 넘는 마술 콘텐츠 제작자이자, 연 매출 12억 이상의 법인회사를 운영하는 사업가로도 살게 됐습니다. 한때는 마술사이기만 했지만 지금은 제 직업을 하나로 정의 내릴 수 없게 됐어요. 그래도 모두 좋아하는 일이라 즐기면서 하고 있습니다. 지금 제 모습을 보면 정말 내향적인 사람이 맞는지 의문이 드는 분들도 계실 것 같아요. 또는 제가 마술을 취미로 하는 정도가 아니라 직업이기 때문에 내향성을 극복하는 게 가능한 것 아니냐고 생각하시는 분들도 계실 것 같고요. 그래서 제가 마술을 만나고 어떻게 내향성을 극복하게 되었는지 프로 마술사가 되기 전까지의 리얼스토리를 들려 드릴게요.

… 처음 마술이 찾아온 순간 …
: 강력한 무기가 생기다

유년 시절에 저는 빌딩과 건물보단 산과 밭이 더 많은 동네에서 할머니 할아버지의 손에 자랐어요. 여느 아이처럼 사랑과 관심을 받기 좋아하면서도 내성적인 아이였죠. 어른들이 인사하라고 해도 부끄러워서 자꾸 뒤로 숨는 그런 수줍은 아이, 그게 바로 저였어요. 하지만 초등학교 2학년이라는 어린 나이에 부모님의 이혼으로 제 내성적인 성격은 결핍으로까지 악화하였고 결국 내향성을 띠게 되었습니다. 하루는 우연히 인형 뽑기에서 인형을 뽑아왔더니 할머니, 할아버지가 "어유~ 우리 손자가 그 어려운 인형을 뽑았네~ 대단해~"라고 칭찬을 해주셔서 잔뜩 신이 났어요. 아무리 내향적이어도 칭찬이 싫을 리는 없으니까요. 그 이후에 온 집 안이 인형으로 가득 찰 만큼 인형 뽑기를 했습니다. 그렇게라도 관심을 받고 싶었거든요. 이렇게 요령이 없던 제게 어느 날 우연히 마술이 찾아왔어요. 중학교 3학년, 아직은 선선한 바람이 불던 쉬는 시간에 같은 반 친구가 제게 말을 걸어오면서 마술을 보여줬어요.

"희준아! 이거 봐봐~! 이 100원짜리 동전을 오른손으로 잡아주고 후~ 하고 불면 동전이 사라져!"

정말 뻔한 동전 마술이었지만 마술을 직접 보는 게 처음이었던 저는 너무 신기해 어안이 벙벙해졌어요. 하지만 그 친구는 마술을 보고 신기해하는 저를 놀리더라고요.

"어? 너 이 마술 몰라? 얘들아~ 얘 이 마술도 모른대~"

지금 생각해 보면 관객을 대하는 태도가 0점짜리인 마술사였네요. 내향적이었던 제게는 친구의 이런 놀림이 너무 견디기 힘들었던 것 같아요. 그저 웃어넘길 수도 있었고 그게 아니면 오히려 그런 속임수 따위를 쓰냐며 되려 소리칠 수도 있었을 텐데 말이죠. 하지만 작은 체형에 비해 유난히 승부욕이 태산 같았던 저는 집에 돌아가 마술 강의를 열심히 찾아봤어요. 그리고 친구가 제게 보여준 동전 마술보다 더 고차원의 동전 마술을 연습해서 마침내 그 친구를 놀라게 하는 소심한 복수에 성공했어요. 그런데 정말 놀라면서 제가 연습해온 마술에 관심을 가지는 친구를 보고 저는 묘한 감정이 들었어요. 그 친구는 평소 같은 반 친구들을 잘 놀리기나 했지 당황하는 것과는 거리가 멀었거든요. 그런데 그 친구가 세상에서 가장 어리둥절한 표정으로 "뭐야?"를 연발하며 제 마술에 관심을 가지자, 저는 살면서 처음으로 성취감이라는 감정을 느껴버렸어요. 그렇게 마술의 매력을 깨달았고 내향적인 성격을 극복할 수 있는 강력한 무기를 가지게 됐습니다. 정확히는 내향성을 극복해야겠다는 생각이 들어서 마술을 선택한 것이 아닌 내향적인 성격도 잊어버리게 할 만큼 마술이 가진 매력에 심취했던 것이죠.

'마술을 할 수 있는 게 인간관계에 있어서 무슨 강력한 무기야?'라고 생각하실 수도 있어요. 그런데 마술은 혼자서 하는 취미가 절대 아니에요. 마술을 하기 위해서는 마술을 관람할 관객이 필요하죠. 그래서 마술을 배우고 마술의 재미를 느껴버린 사람들은 적극적으로 관객을 찾으려고 노력하게 돼요. 그리고 보통 첫 만남에 노래를 부르거나 춤을 추거나 연기를 하거나 악기를 연주하며 자신의 매력을 어필하진 않잖아요. 좀 오버스러울 수 있으니까요. 하지만 마술은 언제 어느 상황에도 자연스럽게 녹아날 수 있어요. 마음에 드는 이성의 관심을 끌게 하는 일상적인 순간부터 처음 참석하는 모임에서 자기소개를 할 때라든가, 반장 및 전교회장 선거나 거래처와의 비즈니스 미팅 같은 중요한 순간에도 부담스럽지 않게 활용할 수 있습니다. 그래서 강력한 무기라는 표현을 쓴 거예요. 그렇게 저는 마술의 재미에 빠져, 만나는 사람마다 마술을 보여주며 인간관계를 적극적으로 풀어가기 시작했습니다.

··· 전국 청소년 마술 대회에 출전하다 ···
: 내향성을 극복하는 방법

그렇게 저는 고등학교에 진학했어요. 고등학교에 진학하자마자 반 전체 아이들과 하루 만에 친구가 될 수 있다면 믿으시겠어요? 그런 놀라운 일을 마술이 가능하게 해주더라고요. 학창시절을 떠올려 보면 애들은 뭐 하나 놀라운 게 있으면 우르르 몰려들어서 구경하는 그런 거 있잖아요. 제가 옆자리 친구에게 마술할 줄 안다고 말하자, 반 전체 아이들이 제 주위를 빙 둘러싸서 마술을 보여 달라고 재촉했어요. 저는 마술 하나를 보여줬고 교실은 난리가 났죠. 그렇게 난리 난 교실에서 그 난리의 주동자였던 저는 첫날부터 마수리라는 별명을 가지며 반 친구들 모두와 가깝게 지냈습니다. 아마 이런 일화는 마술을 꾸준히 해온 사람이라면 다 한 번쯤 경험해 본 일일 겁니다. 저 혼자만의 경험이 아니라 여러분도 충분히 가능하다는 말이죠.

그렇게 마술을 보여주는 재미에 푹 빠져버린 저는 고등학교에 진학해 마술 동아리를 만들어 운영하기 시작했어요. 중학교 때까지만 해도 별다른 특기가 없었기 때문에 제가 동아리를 만들어서 동아리장이 되는 건 상상할 수도 없었던 일이었는데, 그저 마술을 조금 할 줄 안다는 것만으로도 제가 동아리장이 될 수 있었어요. 그때는 지금처럼 유튜브 같은 동영상으로 정보를 쉽게 얻을 수 없어서 내세울 만큼의 실력이 아니었음에도 말이죠. 그렇게 저는 한 소수 집단의 리더가 되었고 동아리를 운영하면서 다양한 활동을 통해 고등학생 때 꽤 새로운 경험을 할 수 있었어요. 예를 들어 봉사 공연, 학교 축제, 종교 행사 같은 기회가 생기면 늘 나서서 참여했던 것 같아요. 이런 실전 경험을 하나씩 할 때마다 점차 내향성을 극복하는 방법을 깨닫게 되었어요. 용기를 내어 수많은 사람에게 마술을 보여주다 보니 요령이 생긴 거죠. 그렇게 다양한 경험으로 내향성을 극복하던 중 전국 청소년 마술대회까지 출전하게 되었어요. 지금 생각해 보면 마술을 전문 학원에서 배워본 적도 없었는데 대회에 나가보고 싶다는 마음만으로 덜컥 출전을 결정해 버렸어요. 그동안의 경험들로 내향성이 저를 돌돌 말아 감추기 전에 하고 싶은 걸 할 수 있도록 행동하게 된 것이죠. 마술을 배우기 전에 저였다면 상상도 할 수 없었던 일입니다.

대회를 준비하면서 마술 동아리 후배들과 정말 즐겁게 마술을 연습하고 준비했던 것 같아요. 저는 원래 친구들과 만나서 노는 것보다는 집에서 혼자 게임 하는 걸 너무나 좋아했었는데, 그렇게 좋아하던 게임도 잊어버리고 동아리 활동으로 후배들과 어울리며 마술 연습에만 매달렸습니다. 머릿속이 온종일 좋아하는 거로만 가득 채워질 수 있다는 걸 살면서 처음 경험해봤어요. 함께 하는 게 이렇게 즐겁고 서로에게 많은 의지가 된다는 것도 그때 처음 깨달았죠. 그렇게 저희는 지역 예선에서 1등으로 본선에 진출하게 되는 큰 성과를 거두게 되었어요. 저와 제 후배들은 자신감을 가득 안은 채 이러다 정말 유명한 마술사가 되는 거 아니냐며 김칫국을 마시며 들떴어요. 하지만 전국 청소년 마술대회 본선 결과는 거의 최하위권이었습니다. 본선에서 만난 전국에 있는 수많은 마술 꿈나무들의 실력은 제가 생각한 것보다 훨씬 높았거든요. 저와 제 동아리 후배들은 마술은 직업이 아닌 취미로만 가져가야겠다는 생각을 하게 되었고, 마술대회를 끝으로 마술사의 꿈을 접게 되었습니다. 하지만 마술대회를 준비하면서 너무나 많은 걸 얻었어요. 좋아하는 걸 하기 위해 노력하는 즐거움, 혼자가 아니라 함께 서로가 힘이 되어주는 경험들까지. 마술 동아리를 운영하며 다양한 사람과 함께 어울려 지냈던 경험들이 쌓여 인간관계에 대한 걱정은 설렘으로 바뀌게 되었습니다.

… 무서운 조교를 바보로 만든 전설의 훈련병이 되다 …
: 조교와 훈련병의 벽을 허물어버린 마술

하지만 마술로 내향성을 극복한 뒤 더 놀라운 일들은 군대에 입대하고 일어났어요. 지금까지의 일들은 정말 빙산의 일각이었더라고요. 군입대를 앞두고 너무나 다른 환경이 펼쳐질 생각에 기대보다는 걱정이 앞섰습니다. 입대하는 날에는 그렇게 좋아하던 돼지갈비에 냉면도 몇 입 먹지 못할 정도였어요. 정말 잘 안 들어가더라고요.

군대 하면 가장 먼저 떠오르는 몇 가지 키워드가 있을 거예요. 혹독한 훈련, 행군, 부당함, 초코파이 등등 다 다르지만 누가 뭐라해도 가장 공감할 수 있는 건 바로 선후임과의 마찰일 거예요. 최근 넷플릭스 드라마 〈D.P.〉가 큰 화제가 될 만큼, 아직도 군내에서의 인간관계는 정말 어려운 것 같습니다. 하지만 제 걱정과는 달리 그 군대에서조차 마술처럼 풀리는 인간관계를 경험하게 되었어요.

사회에서는 나와 잘 안 통하는 사람, 또는 나를 그다지 좋아하지 않는 사람이 있으면 그 관계 자체를 내 선택으로 회피할 수가 있어요. 하지만 군대는 그럴 수가 없죠. 정말 싫은 선임, 후임, 동기들이 있어도 전역하는 그 순간까지는 함께 내무반에서 생활해야 해요. 이게 누군가에게는 강도 높은 훈련보다 더 피하고 싶은 일일 수도 있습니다. 하지만 저는 누군가가 군 생활이 어땠냐고 물어보면 "수련회 다녀온 것 같았어"라고 말할 정도로 좋았던 기억들이 많았어요. 물론 그렇다고 절대로 다시 하고 싶다는 말은 아니지만요.

공군 훈련소는 진주에 있습니다. 제가 살던 곳과 무려 350km나 떨어진 외딴곳으로 입대한 저는 걱정과 달리 훈련소에 무탈하게 적응할 수 있었어요. 보통 조교와 훈련병의 관계는 쫓고 쫓기는 것처럼 쉽게 가까워지기 힘들어요. 물론 훈련이 끝나 자대에 가기 직전에는 가까워질 수 있지만 그전에는 상상하기 힘들죠. 하지만 저는 훈련 초창기 때부터 마술로 가까워질 수 있었어요.

훈련을 마치고 맞이한 첫 주말, 종교행사에 참여하면 초코파이를 준다는 소식에 저는 휴식도 포기하고 행사에 참석했어요. 그리고 그곳에서 다음 주 장기자랑 우승자에게는 초코파이를 상자째로 준다는 말을 듣게 됐죠. 내향적이고 뭐고 생각할 것도 없이 초코파이를 배 터지게 먹고 싶다는 엄청난 의욕이 생겨나더라고요. 입대 전에는 거들떠보지도 않던 초코파이가 그 안에서는 입에 침이 고일 만큼 맛있었으니까요.

그동안 틈틈이 나눈 대화들로 제가 마술을 할 줄 안다는 걸 알고 있던 훈련소 동기들이 저를 초롱초롱한 눈으로 바라보는 게 느껴졌어요. 그렇게 초코파이를 향한 엄청난 승부욕을 에너지 삼아 일주일 동안 장기자랑에서 할 마술을 구상하기 시작했습니다. 하지만 이곳은 마술도구가 하나도 없는 혹독한 상황. 심지어 언제나 제 주머니에 있었던 카드조차 없었죠. 그렇다면 제가 선택할 수 있는 마술은 마술 도구 없이 테크닉을 주로 사용해야 하는 생활 마술뿐이었습니다. 그동안 쌓아 올린 경험을 토대로 군대에서도 구할 수 있는 몇 가지 물건으로 마술을 구상하기 시작했어요.

저는 휴지를 이용한 마술을 준비했어요. 마술을 보여주는 장소의 규모에 따라 클로즈업과 스테이지로 분류를 하곤 하는데, 바로 앞에 있는 가까운 관객에게 보여주는 클로즈업 마술을 하기에는 장기자랑 무대가 너무 커, 저는 스테이지 마술을 할 수밖에 없었거든요. 마술을 보여줄 때 상황에 맞는 마술을 하면 그 효과가 배가 될 수 있어요. 이곳은 군대이고 관객들 대부분은 군인이기 때문에 미녀와 함께 마술을 진행하는 게 제일 반응이 좋겠지만 군대에서 여성분을 찾아보기란 불가능에 가깝죠. 그래서 제가 생각한 방법은 평소 훈련병들을 무섭게 훈련하는 조교를 대상으로 마술을 하는 것이었어요. 하지만 휴지 마술을 조교랑 한다고 과연 군인들이 좋아할까요? 그럴 리가요. 절대로 같은 반응이 나올 리가 없습니다. 그래서 저는 무서운 조교를 바보로 만드는 마술을 준비했습니다. 마술 중에는 무대 위로 올린 관객 한 명을 바보처럼 만들어 나머지 관객 모두를 즐겁게 하는 마술이 있거든요. 마술사가 불러낸 관객을 상대로 대놓고 머리 위나 바닥으로 물건을 흘리는데도 직접 참여하는 관객은 전혀 보지 못하고 놀라워해서 다른 관객들에게는 배꼽이 빠질 정도로 코믹한 상황이 연출되죠.

그렇게 다음 종교행사 날이 밝았고 저는 예배를 하는 동안 어떤 조교가 가장 재미있는 반응을 해줄지 물색도 해놓았습니다. 그렇게 기다리고 기다리던 장기자랑의 시간이 찾아왔고, 분위기가 무르익었을 후반부에 손을 들고 무대 위로 뛰어 올라갔어요. 정말 오랜만에 느껴보는 수많은 사람의 시선이라 긴장이 많이 됐지만, 조교 한 명을 무대에 올리고 군대식 다나까 말투로 진행했습니다. 그 순간 제 공연을 지켜보는 훈련병 동기들은 '저게 제정신인 건가? 조교를 불러서 뭘 한다고?'라는 표정으로 저를 바라보았죠. 그렇게 저를 제외한 모두가 제가 어떤 마술을 할지 모르는 어리둥절한 상황이었어요. 저는 두루마리 휴지 하나를 조교의 손에 들려줬고, 휴지를 조금 찢어 뭉친 뒤 조교에게 보여줬어요. 왼손 오른손 둘 중 어느 손에 이 휴지가 있는지 맞추면 되는 간단한 게임을 하자고 이야기를 했습니다. 조교는 어이없다는 표정을 지으며 "양희준 훈련병. 날 이길 자신이 있어서 불러냈나!? 내가 맞추면 넌 얼차려야!!"라는 말로 분위기를 더 흥미진진하게 만들어주었습니다.

저는 마른침을 삼킨 채 평소에 하던 대로 자연스럽게 조교 머리 위로 휴지를 날려버리며 조교를 바보로 만드는 마술을 능청스럽게 진행했습니다. 마술을 구경하던 훈련소 동기들은 '뭐? 눈앞에서 대놓고 던졌는데 저걸 못 본다고?'라는 표정을 지었고, 휴지 뭉치가 자기 머리 위로 날아간 걸 조금도 눈치채지 못한 조교는 바보 같은 표정을 지으며 진지하게 제 왼손과 오른손을 뚫어져라 바라보더라고요. 계속 의심스러운 눈초리를 하다가 "분명히 왼손에 넣는 척하면서 오른손으로 가져가는 걸 봤다"라고 말하는 조교의 말에 훈련소 동기들은 배꼽이 빠져라 웃기 시작했습니다. 그런 조교의 눈앞에서 오른손을 펴서 보여주니 두 눈이 휘둥그레지며 놀라서 소리를 질렀고, 그 모습을 보고 있는 훈련병들은 이미 빠져 버린 배꼽을 부여잡고 더 크게 웃기 시작했습니다.

이 마술은 점점 더 대담하게 물건을 버리는 게 묘미라, 저는 달 아오른 분위기에 이어서 아까보다 더 크게 휴지를 뭉쳤습니다. 아까는 휴지가 너무 작아서 못 보신 것 같으니 이번에는 두 배 큰 휴지 뭉치로 게임을 하자고 조교의 승부욕을 건드리는 이야기까지 했죠. 조교는 두 배는 커진 눈을 부릅뜨며 제 손을 바라보기 시작했습니다. 훈련병들은 이번에도 설마 모를까? 하는 표정으로 지켜보았습니다. 저는 아까보다 더 대범하게 휴지를 조교의 머리 위로 던지며 또 한 번 더 조교를 바보로 만들어버렸어요. 장기자랑 분위기는 마치 걸그룹이라도 방문한 것처럼 좋았습니다. 분위기도 무르익었겠다 슬슬 환상의 마무리를 할 적절한 순간이 찾아왔다는 걸 직감했어요. 저는 이제 진짜 마지막으로 한 번만 더 기회를 드리겠다는 말과 함께 두루마리 휴지 한 롤을 다 써버릴 것처럼 풀어 뭉쳤고 그 크기는 양손으로 간신히 감출 수 있는 정도였습니다. 그 휴지 뭉치를 멍하게 바라보는 조교에게 "진짜 너무 못 맞추서서 이렇게까지 크게 해드릴 테니 이번에는 꼭 맞춰 달라" 라고 말했죠. 저는 다시 한번 더 머리 위로 대놓고 정말 큰 휴지 뭉텅이를 던져버렸고, 조교에게 양손을 모은 채 휴지가 어느 손에 있냐고 묻자 조교는 제 양손을 가리키며 "장난하나 훈련병! 당연히 여기 있지!"라고 소리쳤습니다. 저는 입가에 미소를 띤 채 모은 양손을 조교의 얼굴로 가까이 가져가 호! 하고 불어달라고 말했습니다. 조교는 설마? 하는 눈으로 호! 하고 입김을 불었고, 저는 천천히 양손을 펴면서 휴지가 사라진 걸 보여주었습니다. 조교는 마치 기절이라도 할 듯 경악을 했습니다. 이 모든 상황을 지켜보던 다른 훈련병들은 저걸 못 본다는 게 말이 되냐며 놀라기도 하고 배꼽을 부여잡고 미친 듯이 웃어댔습니다. 객석 분위기를 본 조교는 이제야 뭔가 알아챘다는 듯이 뒤로 돌아 이곳저곳을 둘러봤죠. 하지만 이미 저의 내무반 동기들이 떨어진 휴지 뭉치들을 흔적도 없이 치워버렸기 때문에 조교는 단 하나의 휴지 조각도 찾을 수 없었습니다. 결국 트릭을 알아내길 포기한 조교가 제게 엄지척을 해주며 진짜 신기했다고 말했습니다. 저는 오늘 최고의 관객이 되어주신 조교님께 큰 박수를 달라고 했고, 관객들은 평생 웃을 웃음을 준 조교에게 손이 터져나갈 만큼 큰 박수로 화답을 해줬습니다.

그렇게 저의 장기자랑 마술쇼가 끝나고, 노래를 부르거나 춤을 추거나 재미있는 이야기를 해준 다른 경쟁자들을 아주 가뿐하게 누르고 우승했습니다. 이후 초코파이를 상자째로 받아 같은 내무반 훈련소 동기들과 나눠 먹었고, 저는 전설의 훈련병으로 훈련소 생활을 시작하게 됐죠. 훈련병과 조교의 관계는 학교나 직장 선후

배 혹은 선생과 제자 사이보다 더 딱딱하고 거친 관계이기 때문에, 훈련병이 조교를 대상으로 바보를 만드는 퍼포먼스를 한다는 건 있을 수 없는 일이에요. 군대를 다녀온 20대 이상의 남성분들이라면 군대 내에서 저런 일을 벌인다는 게 얼마나 쉽지 않은 일인지 공감할 거라고 생각합니다.

나중에 비밀을 알게 된 조교가 불쾌함을 느껴 오히려 더 괴롭히지는 않았을지 걱정되신다고요? 이런 마술을 당하고 나면 대부분 조금 민망하긴 해도 유쾌한 경험으로 생각해요. 마술 공연에 직접 참여하는 건 정말 유쾌한 경험이거든요. 그리고 이 마술의 특성상 정말 신기한 마술을 바로 자기 눈앞에서 봤기 때문에 관객들이야 웃건 말건 신경 쓰이지 않는 경우도 많습니다. 적어도 마술을 시연하는 동안 내 앞에 있는 마술사가 나만 속이고 있다는 생각이 들긴 힘들거든요.

하지만 조금만 선을 넘으면 참여 관객의 기분이 상할 수도 있습니다. 또는 그 정도로 끝나는 게 아니라 이 마술을 보고 있는 많은 관객까지도 기분이 불쾌해져 공연 분위기가 아주 냉담해질 수 있어서 조심해야 합니다. 제가 실제로 대학교 1학년 때 신입생 OT에 각기 다른 동아리들이 돌아가며 공연하는 자리가 있었어요. 그때 마술동아리도 공연을 했는데, 마술을 진행했던 사람이 다음처럼 관객 모독을 심하게 해 박수 하나 나오지 않을 만큼 분위기가 냉담해졌었습니다.

진행자는 음료수를 건네주며 "자 이 음료수를 드세요"라고 말했습니다. 관객이 열심히 마시고 있었지만 많은 양의 탄산음료라 빨리 마시기 힘든 상황이었죠. 그러자 진행자는 한숨을 푹 쉬며 "아직도 못 드셨어요? 하… 뭐 줘도 못 먹네…"라며 한심하다는 듯 말했어요. 선을 넘어도 한참 넘었죠. 하지만 나중에 마술동아리에 들어가서 알게 된 사실이지만 그 선배는 그날 공연에서 보였던 모습처럼 나쁜 사람은 아니었어요. 오히려 유쾌하고 사교적인 사람이었는데 공연 분위기를 띄우려고 잘못된 선택을 한 거였어요.

이런 식으로 관객을 바보로 만들어 분위기를 유쾌하게 만드는 마술들은 마술사가 조금만 잘못 연출해도 관객이 상당히 불쾌해질 수가 있다는 점을 주의해야 해요. 예를 들어 신기해하는 관객을 마술사가 '이걸 몰라?' 이런 식으로 대놓고 비웃는 느낌을 주면 정말 위험해요. 그런데 아쉽게도 지금까지 꽤 많은 마술사가 이와 같은 방법으로 마술을 하고 있어요. 공연 반응은 좋기 때문이죠. 하지만 군대에서 제가 한 마술 공연처럼 참여하는 관객과 관중 모두 불쾌함을 느끼지 않고 즐거운 기억을 만들 수도 있습니다. 저는 중간중간 조교를 도발하는 말로 재미를 끌어내긴 했지만, 조롱이나 비하가 담기지 않은 퍼포먼스였습니다. 그리고 공연 중, 여러분들도 이 자리에 오시면 다 똑같을 거라는 말로 모두가 공감할 수 있는 분위기를 만들었어요. 조교가 아니라 누가 와도 다 똑같이 나한테 속을 수밖에 없을 것이다. 즉 제가 공공의 적인 것처럼 표현했죠. 마지막에는 이 즐거운 시간을 만들어준 조교님께 큰 박수를 달라는 말로 수백 명의 관객에게 박수와 환호를 받는 경험을 선사해 드리기도 했습니다. 정말 즐거워하셨어요. 그날 이후로 그 조교는 저를 볼 때마다 미소를 지어주고, 훈련을 받다가 지쳐 있을 때 위로를 해주시기도 했습니다.

하지만 자대 생활이 마냥 잘 풀리기만 한 건 아니었습니다. 오히려 선임들이랑 너무 빨리 친해져 버린 탓에 생각하지도 못한 일이 생겨버렸어요. 이병, 일병일 때는 해야 할 자잘한 업무가 어마어마하게 많아요. 걸레 빨기부터 시작해서 각종 청소와 분리수거 및 설거지 등 나열하기도 어려울 만큼 많죠. 그런데 제가 가끔 선임의 부름으로 그런 업무에서 부득이하게 빠지게 되자 제 빈자리를 대신해야 할 근접 기수들이 저를 안 좋게 생각하는 일이 생긴 겁니다. 선임들이랑 친해지는 건 좋지만 동기들과 함께 해야 하는 업무에서 빠져가면서까지 피해를 주게 되니 참 난처하더라고요. 그래서 근접 기수들과의 관계를 위해 더 많은 노력을 했고 그래서 큰 트러블 없이 지낼 수 있었어요.

이렇게 인간관계에서는 생각하지도 못한 변수가 생겨나곤 하더라고요. 이때 제가 좀더 주위를 살피지 않았더라면 선임들과는 가깝게 지내지만 정작 근접 기수들에게 외면받게 돼 굉장히 외로운 군 생활을 보내야 했을 수도 있었겠죠. 따지고 보면 선임들보다 더 오래 군 생활을 같이 해야 하는 건 바로 동기들이니까요. 이런 점을 잊지 않았기에 위기를 초반에 잘 넘길 수 있었습니다.

그 이후 저는 간부들의 관심도 받게 되었고 제가 별다른 시도를 하지 않아도 이곳저곳에서 상당히 저를 많이 찾더라고요. 마술이 생각보다 다양한 상황에 찰떡같이 어울린다는 것도 알게 됐어요. 그렇게 저는 단시간 내에 가장 유명한 이등병이 됐습니다. 따지고 보면 좀 피곤할 정도로 여기저기 많이 다녔던 것 같아요. 피곤하긴 했지만 오히려 여기저기 다니며 최대한 다양한 사람들에게 마술을 보여줄 수 있어서 진짜 재미있었어요. 군대에서는 시간이 안 간다고 하잖아요? 할 수 있는 게 엄청 제한적이기 때문에 시간이 느리게 흘러가는 느낌이거든요. 하지만 저는 마술을 보여주는 즐거움으로 군 생활을 즐겁게 보냈고, 여러 사람과 이야기해봄으로써 다양한 경험이 쌓여 제 내향적인 성격은 고개를 들고나오기도 힘들 만큼 극복되었습니다.

훈련병과 조교 사이의 벽을 허물 듯, 불가능해 보이는 관계마저

풀어버리는 것이 바로 마술이 가진 힘 아닐까 싶어요. 어떻게 보면 타이밍 좋게 장기자랑 시간이 있어서 잘 풀린 게 아니냐고 생각할 수 있지만, 그런 기회를 잡은 건 제가 마술을 할 수 있었기 때문입니다. 제가 그 자리에서 노래를 불렀다면? 춤을 췄더라면? 저의 평범한 실력만으로는 어려웠을 겁니다. 잘했다고 해도 나 혼자만 빛났을 거예요. 하지만 저는 저 혼자만 주목받고 끝난 게 아니었죠. 조교와 함께 그 순간 많은 사람에게 놀라움과 즐거움을 선사했고 큰 박수를 받았어요. 이렇게 마술은 관객 또는 스텝들과 함께 공연을 만들어가는 경우가 많습니다. 그래서 인간관계와 마술이 연관될 수밖에 없는 거예요.

　여기까지가 제가 내향성을 극복하며 직접 경험했던 마술처럼 풀린 제 인간관계에 관한 이야기였습니다. 물론 마술사가 되기 위해 본격적인 활동을 한 뒤에 더 마술 같은 이야기가 많습니다. 하지만 왠지 그 이야기는 전문가의 영역이라 가능한 거 아닌가 하는 혼란을 드릴 것 같아 줄이겠습니다. 다만 이후에 포기했던 마술사의 길을 어쩌다 다시 걷게 되었는지 궁금해하는 분들도 계실 텐데요. 자대에서 마술동아리를 만들고 운영하다가 TV에 나오는 트렌디한 한설희 마술사의 모습을 보고 저는 제 안에 마술사라는 꿈에 미련이 남아있다는 것을 알게 되었어요. 저는 미련을 다 버렸다고 생각했는데 그게 아니었더라고요.

　제 삶의 모토인 '미련을 남기지 말자'라는 말을 지키기 위해 마술사에 대한 미련도 완전하게 없애고 싶었습니다. 과거 전국 청소년 마술대회에 출전했을 때처럼 고전적인 스타일의 마술이 아닌 TV에 나왔던 마술사처럼 트렌디하고 자기만의 스타일이 있는 콘셉트 마술로 대회에 출전해 보고 싶었어요. 하지만 현역 복무 중에 이런 국제 대회에 출전한다는 게 생각보다 더 힘들더라고요. 그런데 그동안 군대 내에서 사람들과 좋은 관계를 유지했던 게 도움이 됐는지, 제가 국제 마술대회에 나갈 수 있도록 자대 내 많은 사람이 배려해주고 도와주었습니다. 포대장님도 제가 마술대회 예선과 본선에 맞춰 휴가를 나갈 수 있도록 배려해주셨죠. 그렇게 저는 미련을 버리기 위해 출전했던 마술대회에서 대한민국 최초로 현역 복무 중 국제 대회 입상을 했어요. 이때 저는 저의 가능성을 보고 '몇 년만 더 마술을 즐겨보자' '아직 나는 23살이니까 조금은 더 꿈을 향해 도전해도 괜찮을 것 같다'라는 마음을 가졌고, 그렇게 마술사의 길을 더 연장하게 됐습니다.

마술처럼 풀린
지인들의 이야기

"난 마술사도 아닌데… 내가 마술을 배운다고 인간관계가 잘 풀릴 수 있을까?"라고 생각하시는 분들 계실 것 같은데요. 마술을 배운다고 단기간에 잘 할 수 있는 것도 아니고, 용기를 내 마술 시연을 하더라도 혹시나 상대방이 냉담한 반응을 보이지는 않을까 걱정되신다면 먼저 안심하라고 말씀드리고 싶습니다. 마술을 잘 하면 물론 더할 나위 없이 좋겠죠. 하지만 실제로 제가 지켜본 지인들의 경우에는 마술 실력이 그렇게 뛰어나다거나 하지 않았어요. 그들은 마술을 취미로만 즐기면서도 충분히 마술로 인하여 특별한 인생을 살아가고 있었습니다.

마술하는 선생님으로 학교 축제 때 학생들에게 인기를 얻는 분도 계셨고, 마술로 어린 환자들의 마음을 풀어주시는 의사 선생님, 상담 온 고객들의 정신을 쏙 빼놓으시는 법무사님, 전교생들의 마음을 사로잡아 반장과 전교 회장이 된 구독자들까지. 마술로 인하여 특별한 삶을 살아가는 사람들을 보면서 저는 그 사람들이 마술을 잘해서 그렇게 살아가는 게 아니라는 걸 알 수 있었어요. 오히려 그 사례들을 통해 마술이 가지고 있는 큰 힘을 다시 한번 깨달았습니다. 이걸 좀더 많은 사람이 알아채서 마술을 즐길 수 있으면 좋겠다 싶었어요. 누구나 특별해지고 싶은 마음은 있잖아요. 내가 소중하게 생각하는 사람들이 날 특별하게 생각해주는 걸 싫어할 사람은 한 명도 없을 거예요. 그래서 저와 제 지인들이 겪었던 상황들을 담은 제 인생 꿀팁을 여러분들에게 알려드리려고 해요. 먼저 마술로 인연이 닿아 결혼에 성공하게 된 제 제일 친한 친구의 사례를 들려드릴게요.

··· 마술로 결혼에 성공하다 ···

"마술은 제 인생을 아주 새로운 길로 인도했어요. 마술을 통해 세상에서 가장 아름다운 아내와 두 눈에 넣어도 아프지 않을 사랑스러운 아들을 둔 가장이 되었거든요. 어떻게 이런 일이 가능했느냐면요. 학창 시절 마술을 처음 배우고 지인이 아닌 모르는 사람들에게 마술을 보여주기 시작했을 무렵부터 저는 가방에 항상 8덱의 각기 다른 카드들과 간단한 트릭을 가진 마술 도구를 가지고 다녔어요. 그만큼 마술을 보여주는 재미에 푹 빠져서 지냈던 것 같아요.

마술은 저에게 있어서 언제나 새로운 사람들과 저를 엮어주는 아주 중요한 매개체였어요. 그 덕분에 저는 제 일자리(아르바이트)에서도 학교생활에서도 항상 눈에 띄는 사람이었지요. 원래도 사람들과 잘 지내는 성격이었지만 마술로 인해서 저는 더욱 인기가 많았어요. 그중에서 제가 마술을 배우길 정말 잘했다는 생각이 드는 건, 바로 마술로 인해 결혼에 성공한 일이었죠. 아마 마술을 몰랐었다면 저는 지금의 제 아리따운 아내에게 말 한마디조차 걸지 못했을 거예요. 처음 아내를 봤을 때는 너무 긴장되고 떨려서 평소 자신 있어 하던 카드 마술도 할 수 없었어요. 저는 원래 말을 유머러스하게 하는 편이라 마술이 아니어도 이성들과의 대화를 어려워하지 않았던 사람이었는데 말이죠. 제 아내를 처음 본 순간은 저도 모르게 무조건 잘 보이고 싶다는 생각이 들어서, 실수할 수 있는 난이도 높은 마술이 아닌 간단한 도구 마술을 이용해서 첫인상을 심어주었습니다. 예쁘지만 차가워 보이던 아내는 저의 마술을 보고 크게 웃으며 저에게 관심 가져주기 시작했어요. 말도 안 되는 일이죠. 저는 잘생긴 것도 아니고 키가 큰 것도 아닌 남자였으니까요. 그렇게 저는 단숨에 아내의 마음의 문을 여는데 성공했고, 처음이 어렵지 그 다음부턴 자연스럽게 평소의 실력대로 계속 마술을 보여줬어요. 두 눈을 크게 뜨고 아이처럼 신기해하던 모습이 10년이 지난 지금도 눈에 훤하네요. 어느덧 지금은 둘째 아이를 임신한 상태입니다. 이렇게 마술은 인생에서 항상 좋은 선택지를 스스로 고를 수 있는 기회를 주었어요. 이외에도 마술은 맺어진 인연을 쉽사리 잊히지 않게 하는 신비한 힘이 있습니다. 가벼운 인간관계로 끝날 수 있었던 사이였어도, 마술이라는 두 글자 덕에 저를 더 쉽게 자주 떠올리는 것이죠. 아기 돌잔치나 결혼식, 부모님 환갑, 고희연 같은 행사는 물론 프로포즈나 고백 준비들로 하여금 저를 다시 찾아주는 사람들이 생겼습니다. 그 계기로 인연이 닿아 10년이 지나도 함께하는 사람들이 있답니다. 생각해보면 마술은 저에게 항상 좋은 일만 가져다주었네요. 정말 고맙게도요."

∙∙

저와 가장 친한 친구이자 가장 오랜 시간 함께 한 지인이에요. 그래서 저는 이 친구가 항상 마술로 주목받는 걸 지켜봤습니다. 솔직히 눈에 띄게 예쁜 아내와 결혼에 성공할 줄은 상상도 못했어요. 이렇게 마술은 자신 없는 관계를 포기하지 않게 하는 힘이 있어요. 좋아하는 상대를 쟁취하고 싶으세요? 마술을 배워보세요.

이번에는 초등학교 때부터 마술을 접해 마술처럼 풀리는 인간 관계를 경험했던 제 유튜브 구독자 임예준 군의 이야기를 들려 드릴게요. 제가 직접 연락해서 어떻게 본인의 삶이 달라졌는지 경험담을 들어봤습니다.

··· 마술로 전교 회장이 되다 ···

"나는 초등학교와 중학교에서 전교 회장을 했다. 전교 회장 선거 때 두 번 다 마술을 활용했는데 전교 회장 연설이 다 끝난 후 반에 들어 갔더니 친구들이 '마술 어떻게 한 거야?'라고 물었다. 친구들에게 마술이 효과적으로 잘 보인 것 같아 기분이 좋았다. 전교 회장에 당선된 후 후배들이 알아보기 시작했고 내가 지나가면 후배들이 '전교 회장 이다!'라고 말하는 것이 들렸다. 생각보다 후배들이 나를 많이 알아보는 것이 신기했다. 어느 날 후배가 나를 보더니 내가 한 마술을 따라 하면서 '마술 보여주세요, 마술!'이라고 말했다. 마술이 순식간에 지나 갔을 텐데 동작까지 기억하는 후배가 정말 신기했다. 마술은 생각 이상으로 효과가 컸던 것 같다. 영상 속 화면으로 나를 봤을 텐데 이렇게까지 기억할 수 있었던 것은 마술의 신기함과 신박함이라고 생각한다. 여러분들도 선거뿐만 아니라 어디서든 마술을 활용한다면 주목받을 수 있을 것이다."

....

　저는 먼저 이 답변을 보고 정말 큰 보람을 느꼈어요. 이 친구가 초등학생 전교 회장이 됐을 당시, 거주하고 있는 대구로 찾아가서 정말 마술로 인해 특별한 삶을 살고 있는지 검증까지 했었거든요. 어떤 마술로 어떻게 전교생들의 마음을 사로잡았는지를요. 직접 만나 이야기를 들어 보고 더 많은 사람에게 이 사실을 알려주고 싶었어요. 게다가 예준 군 부모님과의 인터뷰를 통해서 예준 군에게 마술을 지원해주신 것에 있어서 조금의 후회도 없다는 걸 알게 됐어요. 오히려 마술을 배우는 걸 적극적으로 추천해 주시면서, 제 유튜브 채널 시청자들에게 마술이 인간관계에 얼마나 긍정적인 영향을 미치는지도 직접 말해주셨어요.

　이 친구의 꿈은 마술사가 아니에요. 정말 마술을 취미로 두고 살아가는 평범한 학생이죠. 제가 직접 이 친구의 마술 실력을 검증했을 때 마술에 재능이 있었기는 했지만 그렇다고 프로 마술사처럼 잘하는 건 아니었어요. 그런데도 이 친구는 마술처럼 풀리는 인간관계를 경험하고 있던 거예요. 여러분들이 풀어나가고 싶은 인간관계가 꼭 마술을 수준급으로 잘해야만 가능한 게 아닙니다. 그러니 자신감을 가지고 시도해보시길 바라요.

마술로 인간관계가 쉽게 풀리는 이유

여담으로 인터뷰를 했을 당시에는 초등학교에 진학한 지 얼마 되지 않았을 때였는데, 최근에 제 유튜브에서 보고 배운 마술이 고등학교 실장으로 뽑히는 데 도움이 됐다는 연락이 왔어요. 고등학교에 진학해서도 마술 같은 일들을 체험하고 있다고 합니다.

마술만 있다면
두렵지 않은 노후의 외로움

내향적인 성격을 극복한다는 건 단순히 주변 사람들과의 원만한 인간관계를 위해서라고 한정 지을 수 있는 게 아닙니다. 여러분들의 삶이 전혀 다른 방향으로 나아갈 수도 있는 가능성을 만드는 거라고 생각해요. 스스로 무언가를 먼저 시도해야 그게 성공 혹은 실패라는 그에 따른 결과가 나타나듯이, 아무것도 하지 않으면 정말 몇 년이 지나도 아무런 변화가 없는 삶만 살게 될 거예요. 물론 그걸 안정적이라고 느끼는 사람도 있겠지만, 그래도 인간관계는 필수적인 노후 준비라고 볼 수 있습니다. 사람은 절대로 혼자서 살아갈 수 없어요. 실제로 노후 준비라는 게 많은 분이 노후에 빚

없이 살 수 있는 집과 고정적으로 생계를 유지할 수 있을 만큼의 연금 또는 저축된 돈 정도로 생각하시는 분들이 많은데요. 노후 준비는 절대로 경제적인 것들만 준비해서는 안 돼요. 그렇게 준비하면 정말 외로운 노후 생활을 보내게 될 확률이 높습니다. 실제로 노후 준비는 경제적인 부분 외에 노후에 내가 즐길 수 있을 만한 취미 및 문화생활도 준비하셔야 하고요. 그런 취미 및 문화생활을 할 수 있을 만한 체력, 건강을 챙기셔야 해요. 그리고 이런 걸 함께 즐길 수 있는 내 사람들이 무조건 필요합니다. 훗날 노후를 위해 장만해 놓은 집에서 함께 살아갈 배우자, 혹은 취미를 함께 즐길 수 있는 지인들과의 인간관계를 잘 풀어나가는 것 역시 노후 준비라고 생각하시면 돼요. 정말 필수입니다.

"저는 원래 집에서 혼자 있는 시간을 즐기는 걸 좋아하는 사람이고 오히려 사람을 만나는 게 더 불편하고 에너지 소모가 심한 일처럼 느껴집니다. 이런 저도 인간관계를 원만하게 유지하는 노후 준비를 해야 하나요?"

라고 생각하시는 분들도 많으실 것 같은데요. 일단 먼저 말씀드리고 싶은 건 여러분들의 저런 생각은 '지금 기준'이에요. 사람은 환경에 굉장히 민감한 동물이기 때문에 내가 놓여진 환경에 따라 행동과 생각이 변하게 돼있어요. 지금 여러분들은 보통 내가 좋건 싫건 학교나 회사 또는 어떤 집단에 나가서 공부나 일을 해야만 하는 경우가 많죠. 그래서 내가 원하는 인간관계보다는 만들어진 환경에서 선택 권한이 없는 인간관계로 인해 피로도가 축척돼 있을 거예요. 내가 원하는 환경이 아닌 곳에서 평생을 살아왔을 수도 있어요. 요즘은 대기업 또는 공기업 등 월급을 받는 직장인에서 스스로 회사를 박차고 나와 자기가 하고 싶은 일을 하는 추세인데요. 실제로 유튜브 콘텐츠만 봐도 알 수 있습니다.

"29살 대기업 퇴직했습니다."

"공무원 사직서 제출했습니다."

"그토록 원했던 대기업 1년만에 퇴사한 이유."

세상이 순탄하게 흘러갈 것처럼 보이는 길을 걷는 게 아닌 스스로의 길을 개척하려고 하는 분들이 점점 많아지고 있어요. 그리고 저런 주제의 콘텐츠는 조회수도 상당히 높습니다. 그만큼 많은 사람이 관심있다는 소리겠죠. 그리고 댓글을 보면 공감하며 응원하고 부러워하는 댓글이 부정적인 댓글보다 훨씬 더 많아요. 이런 흐름은 주도적인 인간관계에 대한 갈증이 존재한다는 반증이기도 합니다.

사실 인간관계를 원만하게 잘 유지해야 할 필요가 있을까, 없을까는 애초에 고민할 필요조차 없어요. 나를 위해서라면 인간관계를 잘 유지하는 건 꼭 필요한 일인데, 지금 여러분들이 속해 있는 환경때문에 인간관계에 지쳐서 고민될 뿐이에요.

지금 당장은 필요 없어 보이더라도 내향성을 극복하기 위한 노력을 꾸준히 하셔야 인간관계를 직접 선택할 수 있는 사람이 될 수 있어요.

요즘은 혼밥, 혼술 등 1인가구가 늘어나는 추세니까 앞으로는 더 혼자 살기 편한 세상이 올 거라는 말도 틀린 말은 아니에요. 실제로 의식주 모든 게 점점 1인 가구에 맞춰서 변화하고 있죠. 1인 가구를 위한 집, 1인 가구를 위한 식당 메뉴 또는 밀키트, 집돌이와 집순이들을 위한 홈웨어 등으로 혼자 있는 사람들은 앞으로 더욱 편리해질 거예요. 하지만 사람은 절대로 혼자서 살 수 없는 동물이에요. 혼자 살기 편한 세상이라는 말이 혼자 즐겁게 살기 좋은 세상이라는 말은 아닙니다. 혼자서 편하게 살면서 원만한 인간관계로 즐겁고 행복하게 살 수 있도록 여러분들의 내향성을 극복하시길 바랄게요.

책의 제목은 마술처럼 풀리는 '인관관계'이지만, 이 안에 담긴 제 노하우들을 잘 활용하셔서 내향성을 극복하신다면 마술처럼 풀리는 '인생'을 경험하게 되지 않을까 싶습니다. 꼭 여러분들도 마술이 가진 힘으로 더 특별한 삶을 살아보셨으면 좋겠습니다.

마술이 유치하다는
편견

7년 전 겨울, 어느 늦은 밤 제 멘토이신 일루셔니스트 이은결 선배에게 질문 하나를 받았어요.

"니키야, 사람들이 왜 마술을 아이들의 전유물, 즉 유치하다고 생각하게 됐는지 알아?"

"음… 마술사들이 촌스러운 옷과 마술 도구들을 사용해서요? 아! 가족 공연이 많으니까 애들 눈높이의 마술 공연들이 많아서 그런 거 아닐까요?"

"아니, 애들이나 믿을 만한 거짓말을 진지하게 해서 그래."

"……"

저는 그날 밤 은결 선배와의 대화를 통해 앞으로 마술을 어떻게 보여줘야 하는지 깨달을 수 있었습니다. 그리고 왜 마술이 '아이들의 전유물' 즉 유치하다는 인식이 생기게 됐는지 알 수 있었어요. 제가 일루셔니스트 이은결 선배에게 직접 들은 이유를 전해 드리겠습니다.

일단 마술이 유치하다라는 건 어른의 기준입니다. 즉 아이들에게는 마술이 유치해 보이지 않는다는 거겠죠. 왜냐하면 어린아이들은 상상과 현실의 영역이 서로 연결되어 있는데, 그 상상의 영역에는 주술(불가능한 영역, 초월적 영역)도 포함되어 있습니다. 어른은 보통 주술이 현실과 연결되어 있지 않다는 사실을 여러 과학적, 합리적 지식을 통해 깨닫습니다. 그런데 마술사들의 행위가 대부분 주술을 진짜 하는 것처럼 연기하니, 더 이상 믿지 않는 어른들이 봤을 때는 유치하게 느껴질 수 있는 것이죠. 물론 마법이나 초능력이 나오는 영화나 소설을 어른들도 즐기지만, 그것을 믿게끔 만드는 다큐멘터리를 본다면 허풍이라며 비웃어 버리고 그것이 사실이 아니라는 것을 반박하려 들 거예요. 즉 마술이 유치하다고 느끼는 이유는 많은 마술사가 그런 주술적, 마법적 연출에 치우쳐서 마술을 보여주고 있기 때문이라는 겁니다. 좀 더 원론적으로 접근한다면, 클리셰^{Cliche}•를 반복한다는 느낌을 받는 것이죠.

　그렇다면 왜 마술을 보여줄 때 마술사들은 저런 방식을 사용하는 걸까요? 바로 쉬워서입니다. 과거에는 실제로 영혼의 존재 등 여러 가지 불확실한 미신을 믿는 경우가 많았습니다. 그래서 마술사가 "지금 이 자리에 영혼을 소환해 보겠습니다"라는 말과 함께 상식을 깨는 현상을 보여주면 진짜로 영혼을 소환했다고 믿을 수 있었던 것이지요. 그리고 실제로 마술은 원래 주술의 형태였습니다. 세상에서 가장 오래된 직업 중 두 번째가 마술사라는 말이 있는데, 그때의 마술은 지금과 같은 퍼포먼스의 형태가 아닌 주술의 형태였던 것이죠. 그래서 아직도 마술에 그런 주술의 흔적들이 남아있는 겁니다. 하지만 21세기에 사는 우리는 이미 영혼을 소환한다는 마술사들의 거짓말을 그대로 믿을 만큼 순진하지 않고, 이 세상에 마법이 있었으면 하는 소망은 있지만 사실은 없다는 것도 알고 있어요.

　여러분들도 혹시 인간관계에 관심은 있지만 '마술은 좀 유치해'라는 생각을 가지고 계신다면 그것은 전적으로 마술 자체의 문제

● 진부한 표현 혹은 상투구를 칭하는 비평 용어. 원래 인쇄에서 사용하는 연판(鉛版)이라는 뜻의 프랑스어였지만 판에 박은 듯 쓰이는 문구나 표현을 지칭하는 용어로 변했다. 즉 뻔하고 진부한, 하도 많이 쓰여서 신선한 맛을 잃어버린 그 무엇을 표현할 때 쓰이는 말이다.

가 아니라는 말을 꼭 드리고 싶어요. 기존의 그런 인식들은 앞으로 마술사들이 풀어야 할 숙제입니다.

그런데 지금의 마술은 정말로 유치할까요? 실제로 마술을 보신 분들은 아시겠지만 절대 그렇지 않아요. 인식이 그렇다는 거지 막상 실제로 눈앞에서 마술을 보면 전혀 그렇지 않습니다. 하지만 그런 인식이 어디서부터 생겨났는지 추가로 설명해 드릴게요.

대한민국은 과거 상업 마술의 발달로 인하여 마술사의 공급이 기하급수적으로 늘어났습니다. 세계 최초로 마술학과가 생겨났을 정도니까요. 그렇게 대한민국은 빠르게 마술 강대국이 되었습니다. 그 시작에는 일루셔니스트 이은결 선배가 있었고 수많은 후배가 그 뒤를 따랐습니다. 실제로 세계에 퍼진 대한민국 마술사의 영향력은 어마어마했어요. FISM이라는 국제 마술 콩쿨에서는 역사적으로 아시아인이 그랑프리(각 부문의 우승자 중 최고를 뽑아서 주는 가장 명예로운 상)를 받은 적이 단 한 번도 없었는데요. 2012년 영국 블랙풀 FISM에서 대한민국의 유호진 마술사가 아시아인 최초로 그리고 최연소로 그랑프리를 받는 놀라운 성과도 거두었습니다. 그 외에도 정말 많은 대한민국의 마술사들이 전 세계 마술 트렌드를 만들었어요. 그 영향력은 대회 때 사회자가 "Next competition is From South Korea"라며 다음 출전국인 대한민국을 설명만 해도 객석에서 환호가 터져 나오는 수준이었습니다.

마술로 인간관계가 쉽게 풀리는 이유

이렇게 세계적인 수준의 마술사들은 매년 탄생하고, 월드 클래스 수준까지 아니어도 대학교에서 매년 전문 마술사들을 배출해 냈어요. 그런데 늘어난 마술사들에 비해 마술 공연의 수요는 점점 줄어들었습니다. 마술의 특성상 아무리 신기한 마술도 두 번 보게 되면 감동이 줄어들죠. 즉 매년 같은 장소 같은 관객들을 대상으로 마술을 해야 한다면 3년 이상 퀄리티있는 마술 공연을 보여줄 수 있는 마술사가 많지 않을 거예요. 이게 마술이 가진 최고의 단점이기도 합니다. 대한민국의 마술사들은 크게 두 가지 부류로 나눌 수 있어요.

1 마술사의 가치를 찾기 위해 깊이 있는 마술을 개발하며 정진하는 마술사
2 철저하게 갖춰진 시장에 맞춰 상업 마술 공연을 만드는 마술사

1번 마술사의 경우 깊이 있는 마술을 만들어 마술계에서 인정을 받게 되는 경우가 많습니다. 하지만 대중성이 결여돼 있는 마술 작품과 공연을 만드는 데요. 마술 시장이 크다면 전혀 문제가 되지 않겠지만 현재 대한민국의 마술 공연 수요에는 적합하지 않습니다. 그래서 대부분 해외시장을 목표로 활동을 하고 있습니다. 그곳에서는 그들의 가치를 알아봐 주기 때문이죠.

2번과 같은 마술사는 아마 대중들이 가장 많이 접했을 마술사의 모습입니다. 이미 갖춰진 시장에 맞는 상업 마술 공연을 만들기 때문이죠. 국내에서 가장 활발하게 공연 및 강연 활동을 하는 마술사들이 바로 이 마술사들이에요.

"그렇다면 상업 마술사들이 잘못했기 때문에 마술이 유치하다는 인식이 생겨난 걸까요?"

아니요. 그들이 잘못했다기보다는 접할 수 있는 마술의 종류가 한정적이어서 그렇습니다. 현재 대한민국의 상업 마술사들이 가장 활동을 많이 하는 공연은 바로 키즈 공연입니다. 타겟이 어린아이들이기 때문에 마술사들은 어린이 눈높이에 맞춰서 공연을 만들 수밖에 없습니다. 그렇게 점점 대한민국에서 직접적으로 마술을 접할 수 있는 기회 중 대부분은 키즈 공연이 돼버렸습니다. 그보다 높은 단계의 공연을 접할 수 있는 기회가 없어요. 일루셔니스트 이은결 선배의 매직 콘서트가 있긴 하지만 1년 내내 볼 수 있는 것도 아니고 티켓 가격이 높기 때문에 젊은 커플이 데이트 코스로 정하기도 쉽지 않습니다.

그렇게 대부분 처음 접하는 마술 공연이 하필 어린이들을 대상으로 한 마술 공연이라는 점이 마술은 유치하다는 인식이 생겨나는 데 큰 일조를 하게 된 셈입니다. 장르가 다른 건데, 다른 마술이 있다는 걸 모르는 거죠. 이제 왜 마술에 '아이들의 전유물' 즉 유치하다는 인식이 잡혔는지 이해가 가시나요?

여러분들도 마술을 보여주는 방식을 신경 써보세요. 여러분이 어떻게 표현하느냐에 따라 여러분의 마술이 유치해질 수도 있고 유쾌해질 수 있어요. 이렇게 마술이 가진 힘을 충분히 활용해 인간관계를 잘 풀어나갈 수 있으실 거예요.

상대방의 꽉 닫힌 마음의
문을 여는 방법

실제로 저는 지난 19년 동안 마술을 해오면서 다양한 성향을 지닌, 그리고 다양한 직업에 종사하시는 분들에게 마술을 보여드렸습니다. 검사, 판사, 의사, 간호사, 모델, 배우, 아이돌, 국회의원, 선생님, 경찰, 작가, 그 외에 상위 0.1% 부유층까지. 모두의 겉모습과 성향, 분위기는 다르지만 단 한 가지, 마술이 가진 매력에 빠져들어 마술을 자기만의 방식으로 즐긴다는 점은 같았습니다.

세상 놀랍다는 표정을 한 채 호의적인 마음으로 마술을 보는 사람도 있고, 의심 가득한 표정으로 팔짱을 끼고 반쯤 감은 눈으로 마치 심사위원처럼 마술사의 허점을 찾아내는 사람, 또는 경이롭다는 표정으로 주위 사람들의 분위기까지 좋게 만들어주는 사람 등 정말 다양했어요.

제가 마술을 하면서 가장 많이 본 사람들의 표정은 놀란 표정이에요. 정확하게는 '이게 말이 돼?' '뭐야 도대체…'라는 표정을 정말 많이 봤어요. 호의적인 마음가짐으로 보시는 분들도 많지만, 꽤 많은 분들이 의심 가득한 눈초리를 하고 마음의 문을 튼튼한 자물쇠로 꽉 잠가버린 채 보시기도 하거든요. 하지만 저희는 능숙하게 그 자물쇠를 풀어버리고 사람들 스스로 그 문밖으로 걸어 나오게 합니다. 마술로 말이죠. 여러분들은 어떻게 낯선 사람과의 첫 만남을 풀어나가나요? 어떤 시도도 하지 않고 눈치만 살피는 분들도 계실 것이고, 내향적이지만 꼭 좋게 유지해야만 하는 관계라면 용기를 내 다양한 시도를 하시는 분도 있을거라 생각해요.

"식사는 하셨나요?" "취미가 뭐예요?" "어디서 오셨어요?" 등등 뻔한 질문으로 대화를 시작하거나 주머니나 가방에 있는 초콜릿 같은 먹을 것을 건네는 때도 있을 겁니다. 눈이 마주쳤을 때 웃으며 인사하는 등 다양한 방법들로 인간관계를 위한 자신만의 노력을 하셨을 거예요. 근데 만약 상대방이 호의적이지 않다면 분위기를 풀고자 했던 시도가 무안해지는 상황이 벌어지거나 자꾸 핀트가 엇나가는 상황들로 대화를 이어나가는 게 힘들 때도 많죠. 그럴 때 마술을 활용하면 좀더 수월하고 쉽게 상대방의 관심을 끌

수 있어요. 마술은 '호기심'을 자극하고 그 호기심이 '관심'으로 변하게 되죠. 그렇게 마음의 문이 닫혀있던 상대방도 처음 만난 사람의 말에 더욱 귀 기울이게 되고, 과할 만큼 의심하기도 해보고, 놀란 모습까지 보여주게 돼버립니다. 그 후에는 처음처럼 딱딱하고 어색한 태도로 돌아가는 게 오히려 민망하죠. 그렇게 상대방과 나의 벽이 허물어지고 거리가 가까워지는 마술 같은 일이 여러분들에게 일어날 거예요.

  그렇다면 어떻게 꽉 닫힌 상대방의 마음을 마술로 열 수 있을까요? 바로 상대방의 허점을 노리세요. 나의 실수로 화가 난 사람도, 나의 우스운 행동으로 인하여 조금이라도 웃게 된다면 화가 다 풀리지 않았더라도 다시 화를 내는 게 민망해져서 쉽게 풀어지는 경우가 있죠. 모든 경우가 그렇지는 않지만 마술을 사용하면 생각보다 꽤 많이 상대방의 경계를 풀 수 있습니다. 그렇게 경계가 풀리게 되면 할 수 있는 게 상당히 많아져요. 예를 들어 마술을 보는 상황에서 상대방이 팔짱을 끼고 잔뜩 의심을 한 채 보고 있다면, 능청스럽게 '혹시 마술 대회 심사하러 오신 거예요?'라고 말해 보세요. 그러면 상대방은 자기도 모른 채 그런 행동을 보였다는 사실에 민망해 하면서 크게 웃을 거예요. 그렇게 한 번이라도 상대방이 웃어버린다면 그 이후에 마술 시연은 보다 쉬워지겠죠. 또한 마술을 하기 전에는 지나친 경계로 대화조차 쉽지 않던 상대방이 갑자기 마술을 시작하자마자 적극적인 태도로 변하는 경우도 있어요. 정확히는 꽤 많습니다. 마술은 심한 좌절이나 상실감에 빠진 극단적인 상대를 제외하고는 어떤 관계도 쉽게 풀어 나갈 수 있게 해줄 거예요.

마술은 모든 사람의 마음의 문을 열 수 있는 마스터키는 아니에요. 하지만 마음의 문이 닫혀 있던 사람이 직접 문을 열고 나올 수 있게 유혹하는 기술이라는 표현은 맞을 겁니다. 굳게 잠겨있는 문을 열 수 있는 가장 좋은 방법은 문을 걸어 잠근 사람이 직접 문을 열고 나오게 하는 거거든요.

이렇게 마술을 할 바에는
때려치우는 게 낫습니다

잘못된 선택 잘못된 마술

제목이 참 자극적이죠. 단순하게 흥미를 끌기 위해서 정한 제목이 아니라 실제로 후회가 됐던 사례들을 통해서 마술 활용의 잘못된 예시를 알려드리고 싶었어요. 전적으로 마술이 아닌 그 마술을 한 사람에게 있었던 문제에 관해 이야기를 좀 해드릴게요. 마술을 성 공적으로 활용하기 위해서 가장 중요한 포인트는 '내가 얼마나 신 기한 마술을 할 수 있는지' 또는 '얼마나 고난도의 마술을 할 수 있 는지'가 아니에요.

오히려 이런 이유보다도 내가 얼마나 상황에 맞는 마술을 잘 할 수 있는지를 생각하셔야 해요. 이게 정말 중요합니다. 물론 고난도의 신기한 마술을 할 수 있으면 당연히 좋겠죠. 두말하면 잔소리입니다. 하지만 상황에 적합하지 않은 마술이라면 아무리 신기해도 관객은 그 마술에 빠져들기 힘들 거예요. 정확하게는 신기하게 볼 수 있을지는 몰라도 그 마술 시연을 통해서 얻고자 하는 걸 전혀 얻지 못할 수 있어요. 마치 뜨거운 여름날 마라톤을 끝마친 선수에게 세계 최고의 바리스타가 만든 뜨거운 커피를 건네주는 것과 마찬가지라고 생각하시면 이해가 쉬우실 거예요. 끔찍하겠죠? 아무리 맛있는 커피여도 그 커피를 진정 맛있게 즐길 수 있는 상황에 놓인 사람에게 맛보여줘야 그 맛의 진가를 느끼게 할 수 있습니다.

저 역시 상황에 맞지 않는 마술을 해서 상당히 속상했던 적이 있었어요. 중학교 3학년, 아직은 더웠던 초가을에 저는 한창 카드 마술에 빠져 있었고, 마술을 막 시작했을 때라 거의 그 마술만 할 줄 알았죠. 주말에 외식하기 위해 가족들과 중식 식당에 갔을 때였어요. 저는 언제나 주머니 안에 카드를 가지고 다녔는데 그날도 그 카드를 만지며 언제 마술을 보여주면 좋을지 생각했어요. 진짜 마술에 푹 빠져 지냈었을 때였거든요. 다 같이 주문하고 요리가 나오기만을 기다리던 그 상황이 딱 마술을 보여주기 좋다는 생각이 들었고, 마술을 보여주겠다고 말하며 온 가족이 집중하게 만든 뒤 카드 마술을 시작했어요.

새로 배운 기술들을 사용해 나름 멋들어지게 카드를 섞으며 마술에 대한 기대치도 높이고, 모두에게 카드를 확인 시켜주는 여유까지 부렸죠. 저는 최근에 배웠던 카드 맞추는 마술을 하기 위해, 먼저 여동생에게 카드를 고르게 했어요. 보통 사람들보다는 카드 마술을 즐기는 방법을 알고 있었던 우리 가족들은 적당히 의심하며 "어디 있는 카드를 골라야 실수를 하려나~"라는 장난기 가득한 농담도 했어요. 이 상황에서 고른 카드를 바로 맞추었어도 분위기가 좋을 수 있겠지만, 그때 제가 새로 익힌 카드 마술이 있었어요. 테이블 위에 여러 장의 카드를 펼쳐놓고 한 장씩 제거하면 마지막에 남은 카드가 관객이 고른 카드가 되는 새로운 형태의 카드 마술이었죠. 저는 제가 카드를 맞췄을 때 온 가족이 얼마나 신기해할지 상상했어요. 웃음이 새어 나오는 걸 애써 감춘 채 카드를 한 장씩 테이블 위에 펼쳐놓았죠. 그런데 카드를 절반 정도 펼쳤을 때 갑자기 주문한 요리들이 나오기 시작했어요.

요리를 카트에 담아 나오던 사장님이 테이블 위에 펼쳐진 카드를 보면서 치워달라고 하셨고, 미처 다 펼쳐놓지 못해 비어있는 테이블 쪽부터 완성된 요리들을 하나씩 내려놓으셨죠. 마술을 끝까지 진행하고 싶었지만 그랬다가는 다 불어버린 짜장면과 짬뽕을 먹어야 할 것 같았어요. 직접 중식당까지 찾아온 의미가 퇴색

됨을 느꼈던 저는 카드를 다시 한 장씩 주워 담기 시작했습니다. 그런 저의 모습에 안쓰러움을 느끼셨던 아버지는 "그럼 우리 지금 딱 기억했으니까, 밥 먹고 커피 마시면서 이어서 보자"라는 말로 저를 위로해주셨어요. 중간에 흐름이 끊긴 마술은 신기함이 반감돼 속 빈 강정처럼 되어버린다는 걸 그때는 미처 몰랐기에 순순히 카드를 테이블 한편에 치워두고 음식을 먹기 시작했어요.

저는 마술을 끝마치고 싶은 마음에 가장 먼저 짜장면을 다 먹어 치웠어요. 가족들은 그런 제 마음을 모른 채 천천히 맛을 음미하며 식사해서 조마조마한 마음으로 지켜보고 있었죠. 그렇게 식사를 마치고 저는 카드 마술을 이어서 보여주겠다며 재빨리 마술을 시작했습니다. 마침내 저는 마지막에 남은 카드가 아까 여동생이 고른 카드와 일치하는 마술을 선보이며 의기양양한 표정으로 모두를 바라봤어요. 그런데 가족들은 "아, 이게 고른 카드였구나?" "이야~ 신기하네~" 등의 애매한 반응을 보였습니다. 그렇습니다. 가족들은 식사하는 과정에서 고른 카드가 무엇이었는지 잊어버렸고, 밥을 먹는 과정에서 무슨 수를 썼을 수 있다는 생각에 제 마술을 신기하게 즐길 수 없었던 것이죠. 마치 어린아이의 재롱잔치를 응원하는 듯한 가족들의 반응을 보고 저는 정말 속상하게 집으로 돌아왔던 기억이 있습니다.

그때 제가 조금만 더 마술을 보여주는 상황을 파악했다면 저에게는 정말 좋았던 기억으로 남을 수 있었을 거예요. 정말 아쉬움이 많이 남았거든요. 중식의 특성상 주문한 요리가 생각보다 빨리 나올 수 있다는 걸 알았더라면, 과정이 오래 걸리는 카드 마술이 아니라 빠른 시간에 끝낼 수 있는 다른 마술이었다면, 차라리 식사를 다 마치고 차를 마시며 마술을 보여드렸더라면 참 좋았을 텐데… 하고 말이죠. 마술사가 된 지금은 저런 상황들을 포함해 더 많은 것들을 고려해서 마술 공연을 보여드리곤 해요. 아마추어가 아니니까요.

성공률 높은 마술을
선택하는 방법

예전에 마술을 해본 적 있지만 그다지 좋은 기억으로 남아있지 않다면, 그럴 수밖에 없었던 이유가 있었을 겁니다. 마술 시연에 실패했다거나 실수를 하진 않았지만 내 기분을 상하게 한 상대방의 태도, 아니면 너무 고난도의 마술부터 배워서 마술에 별다른 흥미를 느끼지 못했을 수 있죠. 여러분이 마술을 보여주는 상황과 사람에 대해서 고려해 마술을 선택하셨다면 그런 안 좋은 일은 일어나지 않았을 겁니다.

또한 마술은 관객에게 들켜서는 안 되는 '트릭'이 존재하기 때문에 마술 시연에서 트릭을 들키지 않아야 한다는 부담감이 사람에 따라서는 엄청나게 크게 느껴질 수 있어요. 그래서 평소에는 안 하던 실수도 실전에서는 하게 될 확률이 아주 높은데요. 이건 실제 프로 마술사들도 마찬가지예요. 긴장되니까요. 이런 상황들을 고려한다면 더욱 마술 성공률을 높여 인간관계를 원하는 방향으로 잘 풀어나갈 수 있으실 거예요.

"그렇다면 어떤 마술을 어떻게 선택해야 할까요?"

실전에서 성공하고, 인간관계를 잘 풀어내기 위해 마술을 선택할 때 제일 먼저 해야 하는 건 바로 '내 상황'에 대해서 알아보는 거예요. 내가 활동하는 범위와 만나는 사람들의 유형을 파악하면 잘못된 마술을 선택하지 않게 될 확률이 높아집니다. 쉽게 설명하자면, 입 안에 상처가 난 사람에게 매운 짬뽕을 먹게 하는 것과 같은 대참사가 일어나지 않게 막을 수 있어요.

- 학생 : 집 – 학교 – 집
- 직장인 : 집 – 회사 – 집

이 두 가지 상황에서 학생의 경우 학원이, 직장인의 경우에는 외부 미팅이나 취미생활을 하는 공간 정도가 추가될 수 있겠죠?

그리고 예시로 든 활동 범위에서 인간관계를 맺을 수 있는 사람들을 짐작해보면 학생의 경우에는 가족과 학교 친구들이 있을 것이고 직장인의 경우 가족과 직장 동료들이 될 겁니다.

그다음에는 내가 만나는 사람들의 성격을 파악해보는 거예요. 내 친구 또는 직장 동료는 호의적인 사람인가? 긍정적인 사람인가? 부정적인 사람인가? 잘 웃는 사람인가? 쉽게 화를 내는 사람인가? 등등 주변 사람들의 유형들을 다 파악해두면 어떤 마술을 어떻게 보여주면 좋을지 결정하기 쉽습니다. 마술을 보여줬다가 오히려 관계에 역효과가 일어나는 때도 있거든요. 자존심이 센 유형의 사람 중에는 마술을 보면서 신기해한다는 것 자체만으로도 기분이 상해하는 경우가 있습니다. 나아가서는 속았다는 생각에 마술을 보여준 상대를 비꼬거나 비아냥거리기도 하죠. 사람의 유형을 파악해두면 이런 일을 방지할 수 있습니다. 이번엔 실제로 마술사들이 마술 공연을 하기 전에 반드시 체크하는 사항 몇 가지를 알려드릴게요.

① 관객 수

먼저 관객 수는 마술 공연의 규모를 결정할 수 있는 아주 중요한 요소입니다. 맨 뒤 관객 기준으로 일반 사이즈의 카드를 보여줬을 때 육안으로 확인할 수 있는지, 또는 마이크를 써야 마술사의 말이 모두에게 전달될 정도의 관객 수인지를 파악하는 것이죠. 마술의 신기함을 극대화하는 데에 꼭 필요한 정보입니다.

② 공연장 구조

무대와 대기실 유무 등 공연장 구조를 체크하면 공연장 컨디션에 최적화된 마술을 준비할 수 있습니다. 공연장 구조를 분석해 관객이 무대 위로 올라와 참여가 가능한지, 관객이 무대로 올라오기 위해서 다른 관객들을 불편하게 할 여지가 있는지 등을 체크하는 것이죠. 이처럼 관객 참여 마술의 원만한 공연 흐름을 만들기 위해서는 특히 더 필요한 정보입니다.

③ 관객 연령

관객 연령을 고려하면 관객이 더 좋아할 수 있는 형태의 공연 분위기를 정할 수 있어요. 만약 관객의 대다수가 어린이라면 너무 무겁고 집중력이 많이 필요한 마술보다는 시각적으로 즉각 전달되어 아이들의 집중이 흩어지지 않게 해줄 수 있는 마술을 준비하는 게 좋습니다. 전체적인 공연의 분위기 역시 신나고 밝게 만들어 웃으며 볼 수 있도록 해주어야 하고요. 반대로 성인들만 있는 공연이라면 아이들 공연과는 전혀 다르게 공연을 준비해야 해요. 유치할 수 있는 개그와 연출보다는 더 세련되고 고급스럽게, 그리고 집중했을 경우 더욱 신기하게 느껴지는 마술을 준비해야 더 성공적인 공연이 될 수 있어요.

④ 관객 성별

관객 성별을 고려해 남녀의 취향에 맞는 마술들을 준비하는 것도 방법입니다. 여성분들이 많은 공연이라면 잔인해 보일 수 있는 마술보다는 좀 세련되고 섬세한 마술들로 연출을 하는 게 더욱 반응이 좋아요. 남성분들이라면 자극적인 마술들로 구성해야 지루해하지 않아요. 추가로 미남, 미녀가 등장한다면 반응이 더 뜨겁고 좋겠죠?

⑤ 공연의 목적

마지막으로 공연의 목적을 고려하면 마술 공연의 컨셉을 정할 수 있고, 모여 있는 사람들의 집단 성향도 파악할 수 있습니다. 신제품 런칭이 목적인 공연이라면 마술에서 신제품을 활용하는 게 제일 반응이 좋겠죠. 그리고 집단 성향을 유추하는 이유는 차분한 걸 좋아하는 사람들이 모여 있는 자리라면 너무 신나고 경쾌한 마술 공연 보다는 마치 미술 전시회에 어울릴 것 같은 차분한 마술로 공연을 구성하는 게 더 좋을 것이고, 활기찬 사람들이 모여 있는 자리라면 더 신나고 경쾌하고 리드미컬한 음악에 맞춰 신나는 분위기로 진행해야 그날 공연을 더욱 성공적으로 가져갈 수 있기 때문이에요(이외에도 주차장에서 공연장으로 가는 길, 대기실 유무, 조명 및 마이크 장비 등 마술사마다 어느 정도 차이가 있습니다).

프로 마술사들도 이렇게 같은 마술이어도 환경과 상황에 따라서 분위기를 바꿔 공연해요. 모든 걸 관객 입장에서 생각하며 마술 공연을 만들고 있다고 보시면 되는 거죠. 여러분들도 이 정도로 디테일하게 파악해서 마술 시연을 한다면 마술사의 길로 가셔도 좋습니다. 하지만 쉽지 않으실 거예요. 직접 경험해 보기 전에는 알아도 할 수 없거든요. 근데 꼭 이런 방식이 아니어도 여러분들이 스스로 자기만의 분석법을 통해서 필요한 정보들을 알아내시면 돼요. 최대한 많이 상대방에 대해 분석하고 준비할수록 성공적으로 마술 시연을 마칠 수 있다는 게 포인트입니다.

당신이 마술 시연에 실패했던
37가지 이유

책이나 인터넷 또는 유튜브를 통해 마술을 배워서 해봤지만 실패한 경험이 있으신 분들 의외로 많으실 거예요. 또는 실수할 것 같아 애초에 시작도 하지 않으신 분들이나 친구의 어설픈 마술을 보고 별로였다고 생각하셨을 수도 있어요. 뭐든 '처음'이 굉장히 중요한데 대부분 마술을 시작하는 단계에서 그다지 좋지 않은 경험을 하고 마술을 포기하는 분들이 많이 있는 것이죠. 마술에 실패하지 않는 가장 좋은 방법은 누가 뭐라 해도 연습을 많이 하는 것입니다. 제가 운영하는 회사 브랜드 제품에 항상 들어가는 슬로건이 있어요.

"연습이 곧 실력이다."

　연습은 마술뿐만 아니라 모든 것에 다 필수잖아요. 운동, 요리,
노래, 춤 심지어 게임도 잘하려면 연습을 해야 해요. 연습을 많이
하는 게 여러분이 실패하지 않는 가장 빠른 지름길이지만, 여러분
의 시간은 소중하니까 연습의 효율이 높아질 수 있도록 제 꿀팁을
알려드릴게요. 적어도 이 책을 보시는 분들은 더 이상 마술 시연
에 실패하지 않으시길 바라면서 마술 시연에 실패하는 이유와 실
패하지 않는 방법에 대해서 자세히 정리해드리겠습니다.

① 시작

마술은 '트릭'이 존재하고 그 트릭을 어떻게 보여주는지에 따라
마술이 될 수도 있고 사기가 될 수도 있습니다. 여담으로 1980년
부터 2000년대 초반까지는 마술을 이용해 초능력자인 것처럼 사
기행각을 벌이는 사람들이 꽤 많았어요. 가장 유명했던 초능력 사
기꾼으로는 유리 겔라$^{Uri Geller}$가 있죠. 그는 이스라엘 출신의 마술
사로 스푼 벤딩$^{Spoon Bending}$ 마술●을 마치 초능력인 것처럼 보여줘

———

● 염력으로 숟가락이나 포크를 휘는 초능력 같은 마술. 실제 초능력은 아니고 특수 장치나
　마술사의 교묘한 손기술을 통한 마술이다.

온 세상을 속였습니다.

그런데 지금의 여러분들에게 마술은 트릭보다도 어떻게 보여주는지가 더욱 중요해요. 트릭도 물론 중요하긴 하지만 마술은 트릭이 전부가 아니거든요. 관객의 입장에서 생각해보면 "마술 보여줄까?"라는 말을 들었을 때 본능적으로 어떤 속임수를 사용할지 '의심'하면서 보게 되는 경우가 많아요. 왜냐면 마술에 트릭이 있다는 사실은 아이들이 아니고서야 대부분 알고 있으니까요. 그렇게 의심하는 상대를 대상으로 마술 시연에 성공하는 건 생각보다 훨씬 어려워요. 마술을 시작할 때 "자~ 내가 마술 하나 보여줄까?"라는 말로 시작하면 상대방의 의심 수치를 최대치로 높인 상태에서 마술 시연을 하는 것과 같아요. 즉 게임을 처음 할 때 가장 고난도 모드로 플레이하는 것과 같다고 보시면 돼요. 아무리 재미있는 게임이어도 시작하자마자 게임오버를 당하면 승부욕이 생기기도 전에 '이 게임 하라고 만든 거야?'라는 생각이 들죠. 재미가 없는 정도로 끝나는 게 아니라 그냥 그 게임을 다시는 하고 싶지 않을 거예요. 실제로 저도 게임을 정말 좋아하는데 이런 경험으로 다시는 하지 않게 된 게임이 있었거든요.

"그러면 마술을 어떻게 시작해요?"

앞서 이야기해 드린 것처럼 마술 시연 난이도를 최하로 시작해 보세요. 그 방법은 무엇일까요? "마술 보여줄까?"라는 말 말고 다른 방법으로 마술 시연을 시작해보는 거예요. 자연스럽게 상대방이 마술을 보게 만드는 겁니다. 그러면 상대방의 '의심' 농도를 연하게 만들 수 있을 거예요. 이게 무슨 말이냐면 카드 마술 같은 경우에는 카드를 꺼냄과 동시에 마술을 보여줄 것 같은 뉘앙스가 저절로 나죠. 그 대신 우리 생활 속에 있는 물건들로 마술을 하는 거예요. 일상 속 물건을 꺼내 보여주는 것 자체는 너무나 자연스러운 행동이니까 의심스럽지 않겠죠. 이런 방식으로 자연스럽게 물건부터 보여주면서 "마술 보여줄까?"라는 말을 생략하고 마술을 시작하면 돼요.

이렇게 마술을 갑자기 보게 된 상대방의 반응은 대부분 이럴 거예요. '뭐야? 마술이야?' '방금 뭐 한 거야? 이게 어떻게 되지?' '나 지금 속은 건가?' 정신을 차렸을 땐 이미 마술 시연이 끝난 상태일 겁니다. 즉 자기 의사와 상관없이 마술을 경험할 수밖에 없어요. 이런 방식으로 상대방에게 갑자기 마술을 보여주면 여러분들이 마술 시연을 훨씬 성공적으로 할 수 있게 될 거예요. 물론 마술 시연에 어느 정도 익숙해진다면 상대방의 의심을 역으로 활용해서 오히려 마술의 신기함을 극대화할 수 있어요. 하지만 지금은 여러분들이 마술 시연에 실패하지 않기 위한 첫걸음이라는 걸 생각해 주세요.

② 상황

증상마다 약 처방이 다 다르듯이 마술도 마찬가지예요. 먼저 마술을 할 수 있는 다양한 상황들에 대해서 예시로 알려드릴게요.

- 처음 만난 사람들과의 어색한 순간
- 힘든 친구나 가족을 위로해주고 싶을 때
- 마음에 드는 이성의 호감을 사고 싶을 때
- 아들딸 또는 조카와 친해지고 싶을 때
- 연인 또는 배우자와의 기념일
- 거래처와의 비즈니스 미팅
- 친한 친구들과의 술자리

이외에도 여러분들이 마술을 보여줄 수 있는 상황은 정말 많아요. 이런 다양한 상황에 알맞은 마술을 선택해 시연하셔야 성공할 수 있습니다. 아무리 신기한 마술이라도 모든 상황에 다 적합하진 않거든요. 요리로 설명을 해드리자면 떡볶이는 대한민국을 대표하는 훌륭한 음식 중 하나지만 상견례나 결혼식 같은 자리에는 떡

볶이보다 다른 요리들이 더 잘 어울릴 거예요. 하지만 반대로 떡 볶이가 너무나 잘 어울리는 순간들도 있죠. 마술도 마찬가지입니다. 미리 상황에 맞는 마술을 준비해 최고로 적합한 마술을 시연해보세요. 그렇다면 당신의 마술은 더욱 신기하고 상대방의 기억에 또렷이 남을 거예요.

한 가지 예를 들어 볼까요. 다음 마술은 어떤 상황에 어울릴까요? '눈앞에서 힘으로 구부러트린 숟가락을 순식간에 원래대로 되돌리는 마술' 아마도 식사 시간을 가장 먼저 떠올리셨을 거예요. 숟가락이라는 물건이 가지고 있는 특성 때문이겠죠. 정답입니다. 학교에서 급식을 먹을 때 앞에 있는 친구에게 보여주기 좋고, 여자친구와 데이트하다가 유머러스하게 보여줄 수도 있어요.

그런데 밥을 먹는 상황이라면 언제든 다 잘 어울릴까요? 아니요. 숟가락 마술이라고 해서 밥을 먹는 모든 순간에 이 마술을 사용하시면 안 돼요. 굉장히 민망한 상황을 연출하게 될 수 있습니다. 제가 이 마술이 어울리는 '장소'라고 물어보지 않았어요. 이 마술이 어울리는 '상황'이라고 물어봤었죠? 똑같이 밥을 먹더라도, 그 자리의 '목적'이 있는 상황이 있어요. 결혼 전 양가 집안사람들이 인사를 나누는 상견례 자리, 중요한 비즈니스 목적으로 처음 만난 식사 자리 등은 일상적으로 밥을 먹는 순간이 아닌 '목적'이 있죠.

숟가락 마술을 상황에 맞게 잘 사용하시면 유머러스해 보일 수 있습니다. 하지만 중요한 거래처나 호감이 있는 이성과의 식사 시간처럼 내 첫 이미지가 만들어지는 순간에 잘못 사용하면 오히려 가벼운 사람으로 보이게 될 수도 있어요.

이제 마술의 원리도 알았고 상황에 잘 어울리는 마술을 충분히 고려할 수 있게 됐을 겁니다. 그런데도 마술 시연이 망설여지신다고요? 그 이유는 아직 퍼즐 하나가 완벽하게 맞춰지지 않았기 때문입니다. 이 두 가지를 충분히 고려했음에도 여러분이 마술 시연에 실패했던 마지막 이유에 대해서 알려드릴게요.

③ 성향

사실 위에 두 가지보다도 제일 큰 실패 요인은 바로 마술을 보는 사람의 성향입니다. 사람은 직접적으로 마술을 방해할 수도 있고, 성공적으로 마술을 보여줘도 기분이 상할 수 있어요. 그래서 지금 여러분의 눈앞에서 마술을 보는 사람이 어떤 성향인지 파악하는 게 정말 중요합니다. 즉 사람을 보는 눈이 있어야 한다는 것이죠.

'사람을 보는 눈'이라는 말만 들으면 혜안이라도 있어야 가능할 것 같지만 그건 아니고요. 첫인상과 짧은 대화만으로 그 사람의 심성과 성향이 나와 잘 맞는지는 분별할 수 있다는 의미예요. 실제로 마술사 중에는 멘탈리스트^{Mentalist}가 있습니다. 주로 인간의 심리를 다루는 마술을 하는 마술사인데요. 이 마술사 같은 경우에는 관객의 첫인상만으로 그 사람의 성향과 앞으로의 태도까지 맞추는 게 가능해요.

물론 여러분은 멘탈리스트가 아니니까 그 정도로 사람의 마음을 꿰뚫을 수는 없을 거예요. 하지만 여러분이 실전에서 활용할 수 있도록 마술사들이 관객을 고르는 방법을 하나 알려드릴게요. 관객을 무대 위로 올려 함께 마술을 진행하는 관객 참여 마술에서 마술사는 다음 중 어떤 관객을 선택할까요?

1 웃고 있는 사람

2 인상이 선한 사람

3 적극적인 사람

4 안 뽑아주면 화낼 것 같은 사람

5 울고 있는 사람

여러분들이 마술사라면 어떤 관객을 선택하시겠어요? 아무래도 웃고 있는 사람이나 인상이 선한 사람을 가장 많이 선택하셨을 것 같아요. 적극적인 사람은 좀 부담스럽다고 생각하실 수도 있고, 공감 능력이 좋은 분들은 위로의 목적으로 울고 있는 사람을 뽑을 수도 있겠죠? 안 뽑으면 화낼 것 같은 사람은… 글쎄요. 너무 무섭게 생겼다면 보복이 두려워서 눈치 보며 뽑을 수도 있겠네요…. 농담입니다. 사실 마술사들은 다섯 후보 모두를 뽑아요. 다만 어떤 마술을 할지에 따라 그 마술에 맞는 사람, 즉 내가 원하는 분위기를 만들어줄 관객을 선택하죠. 이 말이 무슨 말인지 쉽게 설명해 드릴게요.

지금 시연하려는 마술이 관객을 바보로 만들어 모두가 웃으며 즐기는 분위기가 필요하다고 가정해볼게요. 그렇다면 잘 웃는 사람이나 인상이 선해 보이는 사람보다도 오히려 적극적인 사람이나 쉽게 화를 낼 것 같은 사람을 파트너로 뽑으면 좋아요. 그들의 적극적인 참여와 승부욕으로 마술 진행이 더욱 재미있을 수 있답니다. 실제로 관객모독 마술 같은 경우에는 공연의 편차가 심해요. 앞에 나온 관객이 얼마나 이 승부에 집착하고 집중하는지에 따라서 재미의 농도가 달라지거든요. 반대로 관객과 마술사의 호흡이 중요한 마술을 할 때는 웃고 있는 사람이나 인상이 선한 사람처럼 호의적인 사람이 좋겠죠? 그래야 마술사가 리드하는 대로 잘 따라와 주거든요.

이제 마술사들이 어떤 방식으로 관객을 고르는지 알게 됐으니 다양한 사람들의 성향에 맞춰서 마술을 보여주다 보면 마술을 실패할 확률이 아주 크게 줄어들 거예요. 이제 여러분들이 왜 마술 시연에 실패를 하셨는지 좀 이해가 되시나요?

마술 시연을 하려는 분들 대부분은 마술에 호의적인 사람들이에요. 그래서 언제 어디서 어떻게 마술을 접하든 상관하지 않죠. 본인이 그런 입장이라고 해서 위 세 가지를 고려하지 않고 관객에게 시연하면 실패라는 불상사가 벌어집니다. 여러분들의 마술을 관람할 상대방은 여러분들처럼 마술에 호의적이지 않을 수도 있으니까요.

하지만 무엇보다 중요한 건 연습으로 최소한의 마술 실력을 갖추는 거예요. 기타를 처음 배우는 사람이 박수받을 수 있을 만큼 연주를 하려면 최소 반년 이상은 연습해야 하죠. 그마저도 장담할 수 없어요. 하지만 마술은 신기하게도 딱 몇 시간만 집중해서 제대로 연습하면 보여줄 수 있는 마술들이 무수히 많아요. 위 세 가지를 고려했음에도 마술 시연에 실패하셨다면 그건 아마 거의 100% 확률로 연습 부족일 거예요. 연습이 곧 실력이다. 명심해주시기 바랍니다. 자, 이제 왜 그동안 마술 시연에 실패했는지를 아셨으니 다양한 상황에 맞는 마술들을 배워볼까요?

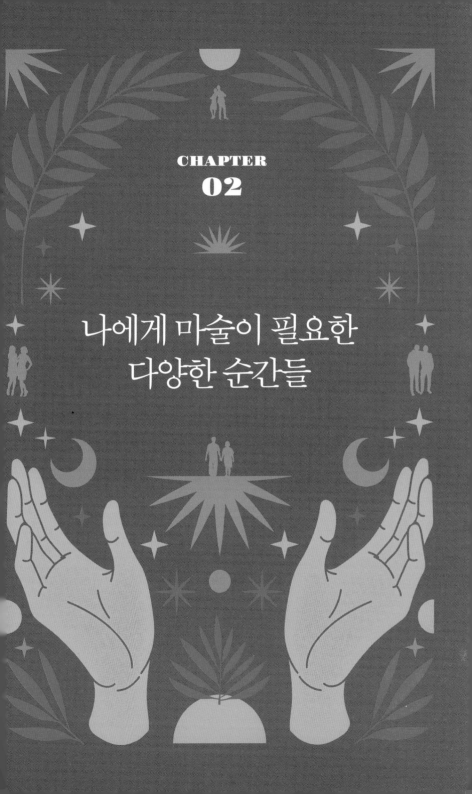

CHAPTER
02

나에게 마술이 필요한
다양한 순간들

친구를 사귀고 싶은 사람들을 위한 마술

〰〰〰〰

동전 마술

"친구를 사귀는 게 어려운 일이야?"

별다른 노력을 하지 않아도 주변에 친구가 많은 사람도 있지만 의외로 친구 사귀는 것 자체를 힘들어하는 사람도 흔히 볼 수 있습니다. 그런 분들에게 마술 처방이 좀 필요하지 않을까 싶어요. 마술은 처음 만난 사람에게 쉽게 다가갈 수 있도록 해주거든요.

저는 앞서 말했듯 수많은 친구에게 마술을 보여주며 금방 친해질 수 있었어요. 하지만 지금은 모든 인연과 연락하고 지내지는 않아요. 모두와 마음이 잘 통하면 좋겠지만 아쉽게도 그럴 수는 없더라고요. 관계라는 게 참 신기해요. 가족들끼리 잘 안 맞는 경우도 생각 외로 너무 많잖아요. 가족도 그런데, 하물며 남은 어떨까요. 실제 아이돌 그룹 중에서도 멤버 모두가 끈끈하게 친해 팬들의 큰 호감을 사는 그룹도 있고, 멤버 간의 불화로 해체까지 하는 그룹도 있죠.

그렇다면 왜, 흘러갈 수도 있는 인간관계를 풀기 위해 노력해야 하는 걸까요? 옷도 많이 입어본 사람이 본인에게 어울리는 옷을 찾을 수 있고, 음식도 먹어본 사람이 맛있는 음식을 잘 찾아 먹잖아요. 인간관계도 똑같아요. 제가 뉴스 기사를 보면 참 안타까운 기사들을 많이 접하는데요. 가장 가까운 사람에게 가스라이팅을 당해 자기 자신에게 큰 상처를 주는 안타까운 기사들이 하루에 몇 건씩 발생하더라고요. 타인의 시선에서 그들을 바라보면 '왜 저렇게 바보처럼 당하고 살지?' 싶은 생각이 들죠. 하지만 보통 인간관계를 단칼에 정리하는 경우는 많지 않아요. 나와 가까운 사이여도 지켜야 할 선이라는 게 있는데, 보통 이런 안타까운 일을 경험하는 분들은 그동안의 인간관계 경험과 폭이 좁을 수 있어요. 그러다 보니 이 사람을 잃으면 난 정말 외톨이가 된다고 생각해서 그저 참는 거죠. 그렇게 자기 자신에게 큰 상처를 주게 됩니다. 이러지 않기 위해 최대한 다양한 사람들과 친구가 돼 보면 나와 좋은 관계를 유지할 수 있는 사람을 분별할 수 있는 눈이 생겨요. 최대한 다양한 사람들을 만나며 나와 가장 잘 맞는 사람을 찾을 수 있는 눈을 만드셔야 진정한 친구를 만들 수 있습니다.

이제 왜 흘러갈 수도 있는 인간관계에 꾸준히 노력해야 하는지 이해가 되나요? 이건 친구를 위해서도 아니고 낳아주신 부모님을 위해서도 아닙니다. 미래의 나를 위해서 하는 거예요. 필요성을 느끼셨다면 이제 마술을 배우고 싶은 의욕이 좀 생겨나셨길 바랍니다. 이제 정말 쉽고 효과가 좋은 실전에서 하기 좋은 마술을 알려드릴게요. 이 마술은 제가 아무런 마술 도구도 없이 즉흥 마술을 해야 할 때 주로 사용합니다. 즉흥적인 상황에서 할 수 있는 마술들은 꽤 많은 데요. 그중에서도 이 마술은 신기함과 웃음까지 함께 줄 수 있는 마술이라, 누군가를 새롭게 사귀는 자리에서 재치 있는 이미지로 보이고 싶을 때 활용하면 좋습니다. 학교 교실이나 군대 훈련소 내무반, 대학교 동아리 방, 또는 길거리에서조차 남녀노소 무관하게 보여주기 좋은 마술이에요. 나아가서는 의심이 많은 친구에게도 보여주기 좋습니다.

먼저 이 마술은 동전과 마술 지팡이가 있어야 한다는 말로 시작을 하시면 돼요. 이때 동전은 관객에게 받아서 마술을 하면 되는데 마술 지팡이도 필요하다고 했죠? 이것도 관객이 가지고 있던 볼펜으로 사용하시면 돼요. 보통 마술은 사전 준비가 필요하지만 이 마술은 정말 아무런 준비가 필요하지 않아요. 관객에게 있을

법한 물건들로 가능하니까요. 진짜 리얼하게 그 순간 관객에게 물건을 받아서 사용하세요. 그렇게 동전과 볼펜이 준비됐다면 어떤 마술인지 운을 띄워보세요.

··· 마술시연 ···

"보통 동전 마술하면 왼손에서 오른손으로 옮겨 쥔 동전이 사라지는 마술을 떠올릴 거예요"라는 말과 함께 동작까지 하면서 어떤 마술일지 관객들이 상상할 수 있게 해주세요.

　"근데 그런 동전 마술은 오른손에 없으면 왼손에 있는 뻔~한

마술이죠"라는 말로 관객들의 공감을 이끌어 내주세요.

"하지만 요즘에는 동전을 손에 쥐어 가리지 않고 눈앞에서 뿅! 하고 사라지게 하는 마술이 트렌드예요"라는 말로 관객의 기대치를 최대한 높여 주세요.

"그렇기 때문에 이 동전을 제가 몰래 빼돌리지 못하게 눈도 깜빡이지 말고 잘 봐주세요!"라는 말로 왼손에 쥔 동전을 관객들 앞으로 가져가서 관객들이 동전에 집중 할 수 있게 해주세요.

이게 바로 이 마술에서 가장 중요한 포인트인 미스디렉션 MisDirection ● 입니다.

"이제 이 마술 지팡이로 동전에 신호를 주면 동전이 정말로 눈앞에서 뿅! 사라집니다!"이 말과 함께 마술지팡이 대용 볼펜을 오른

손으로 잡고 위에서 아래로 동전을 내려치듯이 동작을 해주며 카운트다운을 해주세요.

"쓰리! 투! 원! 어!? 동전이 아니라 마술 지팡이가 사라졌잖아?"라는 말과 함께 동전이 아니라 볼펜이 눈앞에서 사라졌다는 걸 관객들한테 말로 전달하세요. 그러면 정말 눈앞에서 볼펜이 사라져 무척 신기해하는 관객들을 볼 수 있을 거예요.

이때 여러분들은 맛깔 나는 표정 연기로 관객들과 아이 컨택을 하면서 고개를 슬쩍 돌려서 오른쪽 귀에 꼽혀있는 볼펜을 익살맞

● 개념적으로 쉽게 표현하자면 마술사가 비밀스러운 동작을 할 때 관객들이 그 동작을 볼 수 없도록 다른 곳에 집중하게 만드는 기술. 그렇다고 비밀스러운 동작을 감추기 위해 중요하지도 않은 곳을 집중시켜서 보게 만드는 것은 아니고, 더 중요한 곳을 가리켜 비밀스러운 동작을 볼 수 없게 하는 것이다.

게 보여주세요. "아~ 여기로 이동했네~~"이 말과 함께 귀에 꼽혀있는 볼펜을 보여주시면 모두가 오른쪽 귀에 집중하겠죠. 그 순간

왼손에 있던 동전을 주머니에 슬쩍 넣어버리세요. 아무도 볼 수 없을 거예요.

귀에 꼽힌 볼펜을 보여주는 순간 관객들은 "아 뭐야! 진짜 신기했잖아!" "정말 속을뻔했네!" 라는 말을 하며 어이없다는 웃음을 짓고 마술을 즐길 거예요. 이때 여러분들은 귀에 꼽힌 펜을 오른손으로 다시 잡아 빼며 자신감 있게 분위기를 잡아주세요.

"근데... 내가 볼펜이 사라지는 마술이 아니라 동전이 사라지는 마술을 보여준다고 했지?" 이 말을 하면 갑자기 웃음기가 사라지며 모두가 설마하는 표정으로 왼손을 바라볼 거예요. 그때 자신 있게 왼손을 펴서 보여주며 능청스럽게 마무리 멘트를 날려주세요.

"깔끔하게 동전이 사라지는 마술~"

아마 이렇게 마술이 끝나면 모두가 동전이 어디 갔냐며 난리가 날 거예요. 다시 동전 나타나게 해달라는 말을 하는 관객도 있을 거예요. 그땐 능청스럽게 동전을 사라지게 하는 마술은 배웠는데 다시 나타나게 하는 마술은 아직 못 배웠으니 다음에 배워서 보여주겠다고 말하면서 마술을 마무리해 주세요.

✳ 꿀팁

1 꼭 볼펜과 동전이 아니어도 주위에 있는 물건들로 대체할 수 있습니다. 지팡이 용도로 볼펜 대신 빨대나 젓가락 또는 립밤 등 귀에 꽂을 수 있는 물건이면 괜찮습니다. 동전 대신에는 초콜릿이나 과자, 휴지 뭉친 것 등등 주변에서 구할 수 있는 작은 사이즈의 물건이면 다 가능합니다. 꼭 동전과 볼펜을 사용해야 한다는 고정관념은 No No!

2 볼펜을 휘두르는 박자와 카운트다운을 똑같이 해주세요. 그래야 볼펜을 귀에 꽂는 걸 알아챌 수 없어요. 꼭 동일한 박자로 하나! 둘! 셋! 맞춰주세요.

3 마술을 관람하는 관객들의 위치를 주의해야 합니다. 오른쪽 귀가 보이지 않게 왼쪽으로 관객을 바라보며 마술을 진행하세요. 그래야 볼펜을 귀에 꼽을 때 안보입니다. 볼펜을 귀에 꼽는 순간을 들키지 않아야 동전이 사라지는 마술을 신기하게 할 수 있어요.

4 절대로 두 번 보여주지 마세요. 여러 번 해도 되는 마술이 있긴
   하지만 이 마술은 같은 자리에서 절대 두 번 할 수 없는 마술이
   에요. 뒤늦게 합류해서 못 봤다는 친구가 있으면 다음에 보여준
   다며 버티셔야 합니다.

의심 많은 친구에게
보여줄 수 있는 마술

양손을 묶어두는 기술

"나 그거 확인 좀 해보자~"

마술을 시작하면 항상 물건을 가져가서 확인하고 싶어 하는 의심 많은 친구, 주위에 꼭 한 명쯤은 있죠? 특히 나이가 어릴수록 표현이 자유로워서 그런지 그런 친구들이 주위에 더 많은 것 같아요. 괜히 딴죽을 걸고 직접 다 만져서 확인해보고 싶어 하는 그런 친구를 그냥 방치하면 여러분들은 마술에 대한 흥미가 사라지게 될 수도 있어요. 사실 가장 좋은 방법은 이 친구들에게 절대로 마술을 보여주지 않는 거예요. 하지만 그래도 꼭 한 번쯤은 마술로 본때를 보여주고 싶잖아요? 아마 이 방법을 쓰면 가능하지 않을까 싶습니다. 단점이 있다면 한 사람에게 딱 한 번밖에 사용할 수 없다는 점이죠. 하지만 그 한 번을 통해서 여러분 주위에 있는 의심 많은 친구에게 통쾌한 한 방을 날릴 수도 있고, 친구의 의심병을 치유할 수 있을지도 몰라요. 그만큼 확실한 방법이니 꼭 한번 활용해보시길 바랍니다.

실제로 저도 이 방법을 활용해 꽤 재미있는 상황을 연출해 본 적이 있는데요. 이 방법은 여러분이 놓인 상황에 맞춰서 사용하면 돼요. 1대1로 의심 많은 친구에게 마술을 보여주는 상황에 사용해도 좋지만, 여러 명이 있을 때 의심 많은 친구를 상대로 재미있는 분위기를 만들 수도 있습니다.

··· 마술 시연 ···

먼저 마술 시연을 할 때 이렇게 말해보세요. "내가 진짜 신기한 마술 하나를 배웠는데 한번 볼래?"라는 말로 친구가 흥미를 느낄 수 있도록 유도해 보세요. 의심이 많은 친구의 특성상 진짜 신기한 마술이라고 말하면 관심을 가질 수밖에 없을 거예요.

"먼저 유리컵을 두 개 준비했는데 확인하고 싶은 사람 있어?"라고 말하세요. 당연히 의심 많은 친구는 제일 먼저 확인하겠다며 나설 거예요. 그때 컵 두 개를 건네주며 정말 특수한 장치 같은 게 있는지 꼼꼼하게 봐달라고 말하세요. 여기까지 오면 거의 성공한 거나 다름없어요.

"자 이제 이 컵에 우유를 따라 관객 손 위에서 증발하는 마술을 보여줄게"라는 말을 하면서 말도 안 될 만큼 신기한 마술을 할 것처럼 기대치를 높여주세요. 그러면서 자연스럽게 "누구 손 위에서 사라지게 해볼까?"라고 질문하면 의심 많은 친구가 가만히 있을 리가 없겠죠? 만약 지켜만 보려고 한다면 약간의 도발을 하며 그 친구를 참여시켜보세요.

"이제 양 손바닥을 테이블에 올려줘. 그리고 손등에 이 우유가

든 컵을 올릴게"라는 말로 친구의 양 손바닥을 테이블에 딱 붙이게 해주세요. 그 뒤 우유를 가득 따른 두 개의 컵을 친구 손등 위에 올려주세요. 그리고선 컵이 쏟아지지 않게 조심하라는 말을 하면서 이제 복수의 시간을 가지면 됩니다.

"자 이제 드디어 의심 많은 관객의 양손을 묶었으니 본격적으로 마술을 시작해볼까?"라고 말하면서 양손이 묶인 친구가 움직이지 못해 아무것도 할 수

없게 됐다는 걸 깨닫게 해주세요. 이렇게 양손이 묶여 아무것도 할 수 없는 의심병 친구를 두고 그동안 하고 싶었던 마술을 자유롭게 하시면 돼요.

---

1 세로로 긴 컵을 사용하세요. 긴 컵은 조금만 움직여도 쓰러질 것 같기 때문에 더 확실하게 움직이지 못하게 할 수 있습니다.

2 너무 과하게 약 올리면 안 돼요. 심하게 놀릴 경우 컵 안에 음료수가 쏟아지건 말건 손을 들어버릴 수 있으니 적당히 해야 합니다.

3 깨질 수 있는 컵이나 엎지르기 곤란한 음료수를 사용하세요. 플라스틱 컵에 물을 따라서 할 경우 가끔 그냥 손을 빼버리는 사람도 있으니 주의하세요.

나에게 마술이 필요한 다양한 순간들

4 너무 어린 친구에게 사용하면 위험할 수 있어요. 어린아이들은 행동 제어가 잘되지 않아서 자기 의지와 상관없이 컵을 떨어뜨려 깨지게 할 수 있습니다.

술자리에서
인싸되는 마술

소주잔 마술

"술자리에서 할 재밌는 이야기도 없는데… 인싸될 방법 없을까?"

입담이 좋다면 마술이 아니어도 술자리에서 인싸가 되는 건 일
도 아니죠. 술이라도 잘 마시면 차라리 흥겹게 놀 수라도 있을 텐
데 술을 잘 마시는 것도 아니라고요? 그때 마술을 사용해보세요.
술자리만큼 마술하기 좋은 자리도 찾기 힘들어요.

실제로 일본에는 술자리에서 마술을 즐기는 문화가 굉장히 잘
자리 잡혀 있어요. 일본은 전국에 수십 개가 넘는 매직바^{Magic Bar}가

있을 정도죠. 그곳에서 약 5~7만 원 정도 되는 입장료를 내면 2시간 동안 칵테일이 무제한으로 제공돼 마음껏 마실 수도 있어요. 마술은 바텐더가 직접 테이블로 와서 보여주기도 하고 매직바 한켠에 있는 무대에서 정해진 시간에 공연하기도 해요. 근데 이 무대 공연의 스케일과 퀄리티가 정말 훌륭해요. 규모 큰 일루션 마술을 바로 코앞에서 보여주는데 너무 깔끔해서 놀랐던 기억이 있어요.

저는 약 10년 전쯤 일본에서 매직바를 운영하는 마술사에게 초대받아 구경을 갔었어요. 그때 처음으로 일본 매직바 문화를 경험

2022년 현재 대한민국에 단 하나밖에 없는 매직바 '골드레이블(Goldlabel)'. 신사동에 위치하고 있으며 다양한 마술사들의 라이브 공연을 술과 함께 가까이에서 즐길 수 있다.

해봤는데, 사실 마술사 입장에서는 천국 같았어요. 애초에 매직바에 놀러 온 사람들은 마술이 좋아서 온 사람들이기 때문에 마술에 호의적인 만점짜리 관객들이 대부분이에요. 그리고 무엇보다 술을 마신 사람들은 기분이 업된 상태여서 반응도 너무 좋더라고요. 마치 마술이 아니라 마법이라도 본 것처럼 말이죠.

한국에도 매직바가 있습니다. 하지만 일본처럼 많지 않아요. 현재 대한민국에는 매직바가 단 한 곳밖에 없습니다. 그 이유는 바 문화도 익숙하지 않을뿐더러 마술을 보러 공연장이 아닌 바에 간다는 것 자체가 워낙 생소하기 때문이라고 생각해요.

2006년쯤 명동에 실력 있는 마술사들이 모여 매직바 〈트릭Trick〉을 오픈했는데요. 약 10년 가까이 운영되며 실력 있는 클로즈업 마술사들을 많이 배출해 내 대한민국 클로즈업 마술 수준을 높게 끌어올렸습니다. 하지만 매출은 큰 성과를 거두지 못했고 역사 속으로 사라지고 말았어요.

매직바라는 곳이 있을 만큼 술자리와 마술은 궁합이 좋다는 걸 이제 이해하시겠죠? 그렇다면 어떤 마술이 술자리에 어울릴까요? 술자리는 보통 적당히 어둡고, 모두 술 한잔한 상태라 기분도 업이 돼 있을 겁니다. 심지어 감각도 적당히 둔해져 여러모로 마술을 보여주기 참 좋은 상황이죠. 이럴 때는 관객이 할 게 너무 많은 마술보다는 직관적으로 볼 수 있는 마술을 하는 게 좋습니다.

저도 술자리에서 가끔 마술을 보여주곤 하는데요. 한번은 사업가들이 모이는 뒤풀이 자리에서 즉흥 마술을 해야 할 분위기가 만들어졌어요. 가방에 카드나 동전 등 마술 도구들이 있긴 했지만 이미 술을 적당히 드신 상태였기 때문에, 가방에 있는 도구를 사용하지 않고 건너편 대표님이 마시던 소주잔을 받아 마술을 했어요. 다른 사람들이 절 둘러싸서 눈에 불을 켜고 지켜보는 순간! 소주잔이 테이블을 뚫고 아래로 떨어지는 마술을 선보였습니다. 반응은 어땠었냐고요? 그 자리에 계시던 다른 사업가분들은 체면도 잊은 채 다시 보여주면 안 되냐고 부탁까지 하시더라고요. 그만큼 이번에 알려드릴 마술의 효과는 확실할 거예요. 더군다나 어떠한 준비 과정도 없이 술자리에 있는 물건으로 즉흥적인 마술이 가능합니다. 그러면 술자리에서 인싸될 수 있는 마술을 배워볼까요?

··· 마술 시연 ···

먼저 동전이 필요합니다. 동전이 없으면 소주잔보다 작은 물건이면 돼요. 병뚜껑 또는 뻥튀기 과자 같은

작은 물건들은 술자리에 언제나 있을 거예요. 여러분이 준비하지 마시고 즉석에서 관객들에게 달라고 하세요. 그래야 더 신기한 마술 시연이 가능합니다.

"이 100원을 모두가 볼 수 있게 테이블 가운데에 놔줄게. 잘 봐!"라는 말을 하며 테이블 중앙쯤에 100원을 놓고 모두가 볼 수 있게 해주세요.

"소주잔 하나만 줄래?"라는 말로 관객이 사용하던 소주잔을 달라고 하세요. 관객의 소주잔에 술이 남아있으면 마시고 달라고 하세요.

"그 앞에 있는 티슈도 좀 줄래?"라는 말로 이 마술은 모두 술자리에 있는 걸 받아서 즉흥적으로 한다는 걸 관객들이 인지할

수 있게 해주세요. 이렇게 100원, 소주잔, 티슈까지 모두 관객에게 받아서 진행하면 마술이 끝난 뒤 관객들은 더욱 충격에 빠질 거예요.

"이 소주잔을 티슈로 잘 감싸서 안 보이게 만들어 볼게"라는 말을 하며 티슈로 소주잔이 보이지 않게 덮어주세요. 이때 중요한 포인트는 소주잔 겉 부분

만 감싸주셔야 해요.

티슈로 소주잔 겉을 꾹꾹 눌러 감싸주게 되면 소주잔이 빠져도 그 형태가 유지되거든요. 이게 이 마술의 가장 중요한 핵심 트

릭 중 하나이니 꼭 기억해주세요.

"자 이제 이 소주잔으로 이 100원을 잘 덮어주고 신호를 주면 100원이 사라질 거야"라고 말하며 휴지로 뒤덮인 소주잔으로 100원을 덮은 뒤 말해주세요. 그러면 관객들이 어떤 마술인지 알게 될 거고 기대를 하게 될 거예요. 이때 포인트는 휴지로 뒤덮여 있는 소주잔에서 손을 떼면 안 돼요. 아무리 휴지로 꾹꾹 눌러 틀을 만들어줬어도 휴지는 가벼워서 손을 떼버리면 너무 쉽게 옆으로 밀려 트릭을 들킬 수 있습니다.

"아직 100원은 사라지지 않았어"라며 동전을 확인시켜주고 관객들을 안심시켜 주세요. 관객들은 마술이 일어나기 전 확인하고 싶어 하는 경향이 있어요.

하지만 이 동작은 단순이 확인만 시켜주는 동작이 아니라 핵심 트릭을 사용하기 위한 작업이에요.

"다시 100원짜리를 소주잔으로 잘~ 덮어줄게~"라는 말로 아주 천천히 관객들이 보는 눈앞에서 소주잔으로 덮어주세요. 그러면 관객들의 집중력은 최고조가 될 거고, 그 긴장감을 더 끌어올려주세요. 이때 포인트는 정말로 100원이 사라질

것처럼 긴장감을 높여주서야 해요.

"3! 2! 1! 신호를 주면?" 이라는 말로 컵을 잡고 있지 않은 반대 손으로 핑거 스냅을 해주세요. 그 순간 아마 숨 쉬는 것도 잊은 채 집중하는 관객도 있을 거예요. 그리고 소주잔을 천천히 들어서 보여주세요. 이때 100원은

너무나 멀쩡하게 그 자리에 있어야 합니다. 그러면 모두가 어이없어하며 "뭐야 이 사기꾼아!" "와 진짜 마술하는 줄 알았네!"라며 몹시 실망하고 방방 뛰는 분위기가 만들어질 거예요.

이때 능청스럽게 소주잔을 내 쪽 테이블 끝까지 가져와서 내 무릎 위로 떨어트려 주세요. 손의 힘을 살짝만 풀어주면 휴지 틀 안에 있던 소주잔은 아무도 모르게 내 무릎 위로 떨어질 거예요.

"아아 다시! 이게 나 혼자해서 그런가 보다"라는 말로 앞에 있는 관객에게 손을 쫙 펴서 달라고 하세요. 쫙 펴진 관객의 손바닥을 동전을 덮은 휴지 틀 위로 가게 한 다음 이렇게 말해보세요.

"동전이 사라지는 걸 상상하면서 카운트다운에 맞

취 손으로 내려쳐." 마술에 참여하는 관객이 어떻게 행동해야 하는지 리드해 주는 겁니다. 이때 관객의 손바닥이 휴지 틀을 향해 있을 수 있게 여러분의 손으로 관객 손을 가볍게 잡고 있어주세요. "다 같이 카운트다운을 해보자! 3! 2! 1!" 카운트다운을 하며 타이밍이 온 순간 눈짓으로 내려치라고 신호를 주세요.

그렇게 관객은 휴지 틀을 향해 손을 내려칠 거예요. 그때 허물어지듯 눌려지는 소주잔에 대한 감각이 손바닥을 통해 느껴지겠죠? 대부분 이 단계에서 소리를 지르거나 경악을 합니다.

모두가 동전에 집중하느라 전혀 예상하지 못한 결과로 충격에 빠진 그 순간! 자연스럽게 한 손으로 무릎 위에 있던 소주잔을 챙겨 테이블을 두드려 주

세요. "어? 여기 뭐가 있는데?"라는 말로 모두의 시선이 테이블 아래로 향하게 해주세요.

그리고 소주잔을 테이블 아래에서 보여주세요. 그러면 마치 소주잔이 테이블을 통과한 것처럼 보일 거예요. 모두가 충격에 빠진 그때 자연스럽게 마술 마무리 멘트를 해주세요.

"동전 사라지는 건 다음에 보여줄게~"능청스러운 연기로 모두가 웃을 수 있게 해주세요.

아마 이 마술이 성공적으로 끝났다면 여러분들은 술자리에서 인싸가 돼 있을 거예요. 이때 분위기를 살려서 몇 가지 마술을 더 보여줄 수 있도록 준비한다면 제일 좋습니다.

1 소주잔을 무릎 위로 떨어뜨리는 순간을 주의해주세요. 무릎을 꼭 붙여서 소주잔을 안전하게 받아주어야 합니다. 이때 소주잔이 바닥으로 떨어져서 소리가 나거나 깨지게 되면 수습이 불가해요. 꼭 소주잔을 잘 받는 연습을 해주세요.

2 소주잔을 떨어뜨릴 때 마술사의 시선도 100원에 향해 있어야 해요. 그래야 관객들을 완벽하게 속일 수 있습니다.

3 휴지 틀을 견고하게 잘 만드는 게 정말 중요합니다. 그래야 소주잔이 떨어지는 뉘앙스가 티나지 않아요. 휴지 여러 장을 겹쳐서 튼튼한 휴지 틀을 만들어주세요.

마음에 드는 이성과의
거리를 좁히는 마술

〰〰〰〰〰〰

텔레파시 마술1

"마음에 드는 이성과 어떻게 대화를 시작하지? 방법이 없을까?"

마음에 드는 이성에게 호감을 사기 위해서 마술을 검색해보신 분이 계시다면 프러포즈 마술, 고백 마술과 같은 자극적인 키워드의 마술을 쉽게 보실 수 있었을 텐데요. 영화나 드라마에서도 남자 배우가 멋진 마술 이벤트를 하는 걸 한 번쯤은 본 적 있으실 거예요. 상대 여배우는 굉장히 감동적인 표정을 짓고, 그 모습을 바라보는 수많은 여성에게 남자 배우는 큰 인기를 누리는 장면! 이런 이벤트 마술을 해보고 싶으신가요? 하지만 영화와 현실은 매우 다릅니다. 물론 숙련된 마술사라면 보이는 모습만 수년간 갈고 닦았기 때문에 성공적이고 멋진 마술 시연이 가능할 거예요. 하지만 마술사들이 이벤트 때 이런 마술을 실제로 사용하는 경우는 정말 많지 않습니다. 적어도 제 주위에 있는 수준급의 마술사 중에서는 이벤트나 프러포즈 때 마술을 했다는 이야기를 한 번도 들어본 적이 없어요. 미디어 매체를 통해 주입된 이미지일 뿐인 거죠. 여담으로 마술사들은 여자친구 또는 아내에게 마술 이벤트를 안 하는 게 아니라 못 한다는 표현이 더 맞아요. 짜장면 집 아들이 짜장면 안 좋아하는 개념으로 마술에 무뎌지는 경우가 대부분이거든요.

아무튼 여러분들은 마술사가 아닙니다. 여러분들의 삶에 마술을 더하는 것이지 마술사가 되려는 건 아니시잖아요? 그렇기에 장미를 나타나게 하는 그런 마술을 처음부터 할 거라는 기대는 하지 말아주셨으면 좋겠어요. 마음에 드는 이성과의 거리를 좁히기 위한 목적이라면 자극적인 주제나 너무 화려한 마술은 별로 추천하고 싶지 않거든요. 상대방이 부담을 느낄 수 있다는 것도 문제가 될 수 있지만 사실 더 큰 문제는 따로 있어요. 바로 마술을 보여주는 사람으로서도 너무 큰 부담이 된다는 거죠. 마음에 드는 이성 앞에서 그 마술을 안 떨고 할 자신이 있으시면 괜찮습니다. 다만 마음에 드는 이성과의 거리를 좁히기 위해서는 대단한 마술 또는 장미나 꽃을 활용한 로맨틱한 마술이 필요하지 않아요. 오히려 자연스럽게 대화를 이어나갈 수 있게 해주는 마술이 더 좋다고 생각해요. 마음에 드는 이성 앞에서는 준비한 말조차 자연스럽게 하는 게 힘이 드니까요.

"그래도 결혼식이나 기념일 이벤트에 떨면서 하는 사람들도 멋진 것 같은데, 너무 겁주는 거 아닌가요?"

여기서 오해하시면 안 됩니다. 지금 제가 알려드리려는 건 연인에게 할 수 있는 이벤트 마술이 아니에요. 말 그대로 마음에 드는 이성과의 거리를 좁히는 마술입니다. 즉 나에게 큰 관심도 없는 상대에게 호감을 사는 방법을 알려드리려고 하는 거예요. 그렇다고 지금 배울 마술이 연인에게 사용하기에 시시한 것은 아닙니다. 호감이 있는 상대라면 더욱 그 호감을 증폭시켜줄 수 있는 마술이에요. 그러니 꼭 배워서 사용해보시길 추천드립니다.

··· 마술 시연 ···

"제가 봉투 안에 많은 사람이 좋아하는 음식을 적어 왔어요"라는 말을 하면서 음식 이름이 적혀있는 카드 3장을 꺼내서 바닥에 깔아주세요.

"초밥, 파스타, 삼겹살 너무 다른 종류의 음식들인데 이 중에서 어떤 음식을 좋아해요?"라는 말로 상대방과 대화를 자연스럽게 이어나가시면 돼요.

이때 상대방이 셋 중에 어떤 음식을 고르더라도 맞장구를 쳐주세요. 그리고 약간 소름 돋는다는 느

낌까지 전달해주세요. 그러면 상대방이 왜 그러냐며 물어볼 거예요. 만약 물어보지 않는다면 먼저 운을 띄우세요. 그리고는 "왠지 이 음식을 고를 것 같은 느낌이 왔었거든요"라는 말로 상대방이 웃을 수 있게 해주세요. 그런 다음에 뻔뻔하게 "못 믿으시겠어요?"라는 말로 살짝 상대방을 놀리듯 분위기를 리드해 주세요.

"그럴까봐 제가 증거를 하나 남겨 두었거든요. 아까 카드를 담아왔던 이 봉투 안에 종이 하나가 더 있었는데요"라는 말을 하면서 봉투를 들어서 그 안에 있는 종이를 꺼내서 보여주세요. 이때 봉투 안에는 더 이상 아무것도 없다는 걸 확실하게 보여주셔야 해요.

"직접 뒤집어 보시겠어요?"라는 말로 봉투 안에 있던 종이를 건네주세요. 종이에 적혀있는 문구는 "저도 삼겹살 파스타보

다 초밥을 더 좋아해요"라고 예언이 돼 있을 거예요. 그리고 놀라워하는 이성에게 자연스럽게 다음 약속을 기약하는 멘트를 해주세요. "제가 초밥 잘하는 집 아는데 내일 같이 갈래요?"라는 말로 다음 데이트 약속을 잡는 겁니다.

보시다시피 굉장히 자연스럽게 상대방과의 데이트 약속을 잡을 수 있는 마술이에요. 마술을 보여준다는 느낌이 아니라 대화를 진행하면서 자연스럽게 녹일 수 있죠. 실제로 음식이 아니라 다른 걸로도 다양하게 응용할 수 있어요. 예를 들어 공원, 영화관 같은 데이트 장소로 바꿔서 진행할 수도 있겠죠? 그 외에도 캐쥬얼, 슈트 등 좋아하는 옷 스타일이나 좋아하는 컬러 등 여러분들이 원하는 대화 주제로 자유롭게 준비해 사용하시면 돼요.

아니 근데 어떻게 아무거나 골라도 다 예언한 듯 맞출 수 있는 걸까요? 멀티플아웃Multiple out ●이라는 기법을 사용한다면 관객이 어떤 걸 골라도 다 맞출 수 있습니다. 쉽게 말해서 모든 경우의 수를 다 예언해 놓는 것이죠.

초밥을 골랐을 때는 봉투 안에 있던 종이에 예언이 돼 있었습니다.

파스타를 골랐다면 봉투를 뒤집어서 보여줬을 거예요. 봉투 뒷면에 예언을 해뒀으니까요.

그렇다면 삼겹살은 어디에 예언을 해뒀을까요? 바로 해당 음식이 그려진 카드 뒷면입니다. 초밥, 파스타 카드 뒤에는 아무것도 적혀있지 않고 삼겹살 카드 뒷면에만 예언이 돼 있는 거죠. 실제로 이 마술은 쉬워서

● 관객이 어떤 선택을 해도 실패하지 않는 결과로 이어지는 마술을 의미한다. 즉 모든 결과에 따른 준비를 다 해야 한다는 말이다.

정말 언제든 사용할 수 있어요. 별다른 연습을 하지 않아도 되는 마술이라 긴장하지 않으셔도 됩니다.

＊ 꿀팁 ————————————————————

1 마술 시연을 하면서 최대한 대화를 많이 나눠보세요. 이 마술의 최대 장점은 카드에 적힌 내용으로 대화를 나눌 수 있다는 점입니다. 그리고 이 대화를 통해 마음에 드는 이성에 대한 다양한 정보를 얻게 될 거예요. 그 정보들을 통해 공감대도 형성할 수 있고 센스 있는 사람으로 보일 수도 있을 겁니다. 그러니 딱딱하게 위에 알려드린 마술대로 진행하기보다는 최대한 대화를 나누면서 마술 시연을 하시길 바랍니다.

2 상대방의 성향에 맞춰서 마술을 준비해 주세요. 상대는 단둘이 밥을 먹는 걸 어색해 하는데 본인만의 의욕으로 마술을 진행하면 오히려 부담스러운 사람으로 각인될 수 있습니다. 너무 어색한 사이라면 카페에서 커피나 차 한 잔 마시는 약속부터 시작해보시는 게 좋을 수 있어요. 또는 약속 잡는 걸로 사용하시지 말고 그저 텔레파시가 통하는 느낌 또는 공감대 형성 정도로 먼저 사용하시는 것도 추천드립니다.

이성

소개팅에서 매력적으로
보일 수 있는 마술

텔레파시 마술2

"좋아! 오늘 소개팅이니까 마술을 좀 많이 준비해서 보여주자!"

마술을 많이 아는 마술사들은 소개팅에서 다 매력적으로 보일 수 있을까요? 마술은 처음 만나는 사람과의 어색한 분위기를 환기해 줄 수 있는 가장 쉬운 방법임은 틀림없어요. 근데 뭐든 과하면 좋지 않다는 말 모두가 잘 아시잖아요? 제가 왜 이 이야기를 했냐면 실제로 아는 마술사가 소개팅에서 약 한 시간 동안 주구장창 마술만 보여줬대요. 그래서 정작 아무런 관계 발전이 없었다고 합니다. 당연하겠죠? 상대방이 마술을 원래 굉장히 좋아했던 사람이거나 또는 마술사가 이상형이었다면 모르겠지만, 그럴 일이 거의 없죠. 더군다나 두 사람은 소개팅을 하러 온 거지 마술 공연을 보러 온 게 아니잖아요. 근데 소개팅에 나온 사람이 계속 마술만 한다고 생각해보세요. 상대방 입장에서는 마술을 보여주니까 계속 보는 거지, 마술이 재밌어서 이 사람이 더 궁금해진다? 그럴 일은 확률적으로 그다지 높지 않은 것 같아요. 물론 분위기 환기를 위한 마술 하나가 끝났는데 갑자기 상대방이 마술을 더 보고 싶다고 요청한다면 더 보여주셔도 괜찮아요. 아니면 센스 있게 다음에 만나서 더 보여주겠다는 말로 자연스러운 애프터 신청을 하셔도 좋고요. 제 말의 포인트는 마술을 보여주는 재미에 빠져서 정작 본연의 목적을 잊지 말아야 한다는 것입니다. 소개팅에서 마술로 어느 정도 어색한 분위기가 환기됐다면 지나친 마술 시연은 자제하고 대화를 하세요. 상대방이 마술만 기억하면 슬프잖아요.

그렇다면 어떻게 소개팅에서 매력적으로 보일 수 있을까요? 사람마다 매력을 느끼는 포인트는 다 다르지만, 그래도 보편적으로 인기 있는 사람을 생각해 보면 유머러스하거나 센스 있는 사람인 것 같아요. 그런 사람이 시기와 질투를 받는 걸 본 적은 있어도 싫어하는 사람은 딱히 못 봤습니다. 그래서 유머러스하거나 센스 있는 사람으로 보인다면 아무래도 상대방이 매력적이라고 느낄 수 있는 확률도 높아진다고 볼 수 있겠죠.

··· 마술 시연 ···

"제가 마술로 ○○○씨의 생각을 맞춰볼 예정인데요. 평소 생각이 얼굴에 잘 드러나는 편인가요?"라는 말로 어떤 마술인지 설명해 보세요. 그러면 상대방의 흥미를 한층 더 높임과 동시에 상대방이 어떤 사람인지 알 수 있는 질문까지 자연스럽게 할 수 있어요.

"먼저 좋아하는 음식 하나를 머릿속에 떠올려 보세요."(3초 정도 생각할 시간을 주고) "떠올렸나요?"라는 말로 리드해 주세요. 아마 이쯤 되면 상대방은 생각하라고 해서 생각하긴 했지만 맞추진 못할 거라는 표정으로 바라보고 있을 거예요.

"생각하셨으면 이제 제 눈을 바라봐주세요. 그리고 생각한 음식을 제게 텔레파시로 보내주세요"라는 말을 통해서 자연스럽게 상대방과 아이 컨택을 해주세요. 이렇게 직접적으로 눈을 바라보고 있으면 자연스럽게 웃는 분위기가 될 거예요. 민망하고 수줍으니까요. 이때 괜히 마술에 너무 집중한다고 무겁게 분위기를 잡지 마세요. 웃는 분위기를 이어가면서도 약간 침착하려고 하는 태도가 자연스럽고 좋아요.

나에게 마술이 필요한 다양한 순간들

"음, 뭔지 느낌이 오는데요?"라는 말로 기대치를 높인 뒤 정말로 상대방이 좋아할 것 같은 음식을 하나 최대한 추측해서 맞춰보세요.

"파스타?" 아마 맞출 확률이 높진 않을 거예요. 하지만 본격적인 마술을 하기 위한 사전 작업일 뿐이니 걱정하지 마세요. 틀렸다고 실망하진 않을까요? 천만에요. 오히려 상대방은 웃으면서 아니라고 말할 거예요. 그때 능청스럽게 "그럴 리가 없는데… 혹시 맞췄는데 바꾼 거 아니에요?"라는 말로 상대방을 의심해 보세요. 그러면 더 크게 웃으면서 당황한 채로 아니라고 할 거예요. 이 말의 목적은 어색하고 얼어있는 분위기를 환기하기 위해서예요. 그러니 너무 의심하듯이 째려보면서 하지 마시고 농담처럼 던져주세요.

"음~ 이게 증거가 없으니까 알 수 없네요"라는 말을 하며 웃음기를 머금은 채로 미리 준비한 메모지와 볼펜을 꺼내서 상대방에게 건네주세요. 그리고

그 종이에 좋아하는 음식을 적어달라고 하세요.

"아 제가 혹시 적는 걸 볼 수도 있으니까 저는 눈을 가리고 고개도 돌리고 있을게요. 다 적으면 말해주세요"라고 말하며 정말로 눈을 한 손으로 가리고 다른 곳을 보며 기다려 주세요.

"종이를 제가 볼 수 없게 반으로 접고 또 한 번 접어주세요. 그러면 확실한 증거가 되겠죠?"라는 말로 종이에 좋아하는 음식을 적어둔 이유를 상대방이 의심하지 않고 자연스럽게 납득할 수 있도록 만들어보세요. 이런 디테일이 마술에서 정말 중요합니다. 다 적었으면 손 위에 종이를 올려달라고 하세요.

"제가 이 종이를 훔쳐볼 수 있다고 생각할 수도 있으니까 제 몸 뒤로 가져가서 잘 찢어줄게요"라는 말로 종이를 뒤로 가져간 뒤 4등분으로 찢어주세요. 찢는 방향은 세로로 한번 손으로 찢고 겹친 뒤 이번에는 가로로 찢어주세요.

그러면 찢어진 조각 중 한 곳에 상대방이 적은 글씨만 안 찢어지고 남아있을 거예요.

그리고 그 종이를 잘 펼쳐서 왼손에 핑거팜^{Finger} ^{Palm}●을 해주세요. 이때 절대로 고개를 뒤로 돌린다

● 동전 또는 작은 물체를 중지와 약지 손가락 사이에 껴서 몰래 감추는 기술이다.

거나 하시면 안돼요. 수상하니까요. 상대방의 얼굴을 바라보면서
진행하세요.

"잘 찢어진 종이 보이
죠?"라는 말로 펑거팜을
한 채로 찢어진 종이를 손
끝으로 잡아 보여주는 척
하면서 자연스럽게 손안에
숨겨둔 음식이 적힌 종잇
조각을 봐주세요. 그리고 다시 몸 뒤로 가져가 주세요. 이때 시선
은 계속 상대방과 눈을 마주치고 있어야 합니다. 그래야 더 신기
하거든요.

그리고 "더 잘게 잘라줄
게요"라는 말을 하면서 완
벽하게 증거 인멸을 해주
세요. 이미 우리는 방금 상
대방이 어떤 음식을 좋아
하는지 봤기 때문에 목적
을 달성했어요. 더 이상 필요 없어진 종잇조각은 잘게 잘라 트릭

이 들키지 않게 해주시는 게 좋아요. 괜히 그대로 뒀다가 트릭이 발각돼 민망해질 수 있거든요. 여기까지 오셨으면 지금부터는 자연스러운 연기가 생명입니다.

"음, 이제 조금 알 것 같네요. 근데 진짜 신기하다. 저도 이 음식 정말 좋아하거든요"라는 말을 통해서 마치 다 알고 있다는 식으로 상대방의 기대치를 높여주세요. 또는 이미 상대방과 어느 정도 농담을 주고받아도 될 것 같다고 느껴지신다면 더 재미있게 말하셔도 좋아요. 예를 들어 "스테이크나 파스타 같은 음식을 제일 좋아하실 것 같았는데 의외로 토속적이시네요?"라는 식으로 기분이 상하지 않을 정도의 농담이 좋을 것 같아요.

이 마술은 신기하게 보여주는 것보다 이성과의 정서적 교감이 주목적입니다. 상대방과 내가 통한다고 느끼게 할 수 있는 마술이라 얼마든지 응용할 수 있어요. 활용도가 굉장히 높죠. 제가 예시로 든 건 음식이었지만 이 마술도 텔레파시1 마술처럼 데이트 장소 같은 곳으로도 가능해요. 근데 텔레파시1 마술은 미리 연출을 위한 준비가 필요하지만, 텔레파시2 마술은 소개팅 분위기에 따라서 얼마든지 즉흥적으로 바꿀 수 있어요. 가장 감명 깊게 본 영화나 가장 좋아하는 동물 또는 계절이나 여행지 같은 곳을 이야기하면서 상대방을 놀라게 할 수 있죠. 다 맞출 수 있으니까요. 이 포인트를 놓치지 마시고 꼭 이성과의 정서적 교감을 통해서 호감을 쌓아 성공적인 만남을 이뤄가시길 바랍니다.

---

* 꿀팁 ──────────────────

1 좋아하는 음식을 한 번에 맞춰버려 준비한 마술을 하지 못할 땐 어떻게 해야 할까요? 아주 운이 좋은 경우입니다. 이럴 때는 자연스럽게 원래 보여줄 마술이었던 것처럼 "파스타 맞죠? 우리 그럼 지금 파스타 먹으러 가요"라는 말로 분위기를 리드하면 돼요. 원래 준비하려던 마술보다 훨씬 신기한 마술을 하게된 경우이니 앞으로도 최대한 추측만으로 맞출 수 있는 감을 키워보세요.

2 한 번에 맞출 확률을 높이기 위해 실제로 마술사들이 많이 하는 트레이닝 방법 하나를 알려드릴게요. 상대방을 관찰해보면

돼요. 옷차림이나 평소 좋아하는 취미들을 보면 이 정보들만을 가지고도 알아챌 수 있는 것들이 있어요. 예를 들어 뜨개질이나 그림 그리기 등 여성스러운 취미를 즐기는 사람이라면 구수한 청국장 같은 한식보다는 파스타 같은 양식을 좋아할 확률이 높아요. 하지만 확률이 높다는 거지 절대로 정답은 아닙니다. 굉장히 소녀스러운 스타일이지만 청국장이나 된장찌개를 좋아하시는 분들도 아주 많아요. 그 사람을 관찰하면서 최대한 어떤 사람인지 예측해서 맞추는 연습을 해보세요. 그냥 찍는 거 아니냐고요? 네 맞아요. 찍는 겁니다. 하지만 이런 식으로 트레이닝을 하다 보면 높은 확률로 맞출 수 있게 돼요.

고백할 때,
기념일에 좋은 마술

선물 이벤트 마술

"좀 색다른 고백을 할 수는 없을까?"

"헉! 내일이 기념일이었네? 시간이 없는데 어떡하지?"

마술의 특성상 아무리 쉬운 마술이어도 어느 정도 연습을 해야 합니다. 손기술이 많이 필요한 마술은 두말할 것도 없고, 마술 도구 자체가 가진 신기함이 아주 뛰어나더라도 연습은 필수예요. 마술 도구가 스스로 마술을 하진 않으니까요. 그래서 많은 분이 막상 마술 시연을 하고 싶어도 이 부분 때문에 망설이는 것 같아요. 저는 마술을 연습하는 과정마저도 너무 재미있었던 유형이라 결국 마술사까지 되었지만 모두가 그런 건 아니니까요. 여러분들은 취미 또는 속성으로 필요한 상황에 맞춰 마술을 활용해야 할 경우가 대부분이라, 많은 연습이 필요한 마술은 부담스러울 수 있습니다. 앞서 알려드린 마술도 많은 연습이 필요하지 않고 마술사처럼 능숙하지 않아도 큰 문제가 없는 것들이었어요. 그래야 실수에 대한 부담감 없이 마술을 생활에 녹일 수 있을 것 같다는 생각이 들었거든요. 하지만 지금 알려드릴 마술은 지금까지 알려드렸던 마술을 능가하는 아주 쉬운 난이도의 마술입니다. 미취학 아동도 할 수 있는 난이도라고 생각해요. 왜냐하면 처음부터 끝까지 관객 스스로 하는 마술이거든요.

관객이 스스로 마술을 한다는 게 말이 되냐고요? 네, 말이 되더라고요. 마술은 연습을 많이 해야만 한다는 것도 결국 고정관념이죠. 이런 고정관념을 깨는 게 저희 마술사들의 주특기입니다. 이런 마술들을 셀프워킹Self Working● 마술이라고 하는데요. 이 마술의 장점은 여러분이 손을 떨어서 실수할 일조차 없다는 점입니다. 보통 카드를 활용한 셀프워킹 마술이 가장 다양하게 존재하는데요.

———

● 기술을 사용하지 않는 마술을 의미한다. 큰 기술을 사용하지 않기에 마술 시연에 부담을 줄일 수 있다.

저희는 이번에 카드를 사용하지 않을 예정이라 사전에 약간의 준비가 필요합니다.

1~5번까지 번호를 매긴 종이봉투 5개와 종잇조각 5개를 준비해 주세요. 그리고 하나의 봉투에만 중요한 선물을 넣어둡니다. 이때 그 선물이 들어있는 봉투에 적힌 숫자와 같은 숫자의 종이만 뒷면에도 똑같이 숫자를 적어주세요. 그러면 뒤집혀도 계속 숫자가 나오기 때문에 마지막까지 뒤집히지 않고 계속 남아있을 수 있어요. 이건 숫자가 적힌 종이 중 뒤집힌 종이를 하나씩 제거해 나가는 마술로, 양면에 숫자를 적으면 뒤집힐 수 없는 원리를 이용하는 겁니다.

··· 마술 시연 ···

"우리 오늘 기념일이잖아. 그래서 내가 재미있는 선물 이벤트를 준비해봤어"라는 말을 하면서 미리 준비한 작은 종이봉투 5개를

테이블 위에 올려주세요.

"여기 있는 선물을 다 주는 건 아니고 이 중에 하나만 가질 수 있어"라고 말하면서 숫자에 적힌 종이를 보여주세요. 그리고 양손에 잘 모아서 흔든 다음 던지는 시범을 보여주세요. 그래야 상대방이 어떻게 하면 되는지 이해할 수 있으니까요.

그중에서 뒤집힌 종이에 적힌 숫자의 봉투는 탈락이라고 말하면 돼요. 너무 간단한 룰이라 더 설명할 것도 없어요. 더군다나 마술을 보여주는 게 아니기 때문에 의심을 할 이유도 없죠. 이제 상대방이 직접 던져 테이

블 위에서 뒤집힌 종이의 숫자가 뭔지 상대방이 확인할 수 있게 해주세요.

그 숫자에 해당하는 봉투 속 선물은 갖지 못하게 되었지만 "무슨 선물이었는지 한번 확인해 볼래?"라는 말과 함께, 상대방이 직접 봉투를 가져가게 하는 게 아니라 꼭 봉투를 상대방에게 건네주세요. 그러면 그 안에는 선물이라고 하기엔 너무 보잘것없는 물건이 들어있을 거예요.

"아~ 아쉽게도 코 푼 휴지 쪼가리를 놓치셨네요"라는 말로 웃으면서 상대방을 약간 놀리듯이 바라봐주세요. 그러면 상대방은 정말 어이없다는 듯이 여러분을 바라볼 거예요. 그때 당황하지 마시고 다른 선물이 아직 많으니까 좀 더 기대해보라며 능청스럽게 얼른 다시 종이를 던질 수 있도록 리드해 주세요.

그렇게 뒤집힌 숫자가 나올 때마다 봉투 안에 있는 성의 없는 선물들을 하나씩 오픈해주시면 돼요. 그러다가 마지막 한 장의 숫자가 적힌 종이만 남으면 "와 드디어 선물 하나만 남았네? 무슨 선물일지 기대되지 않아?"라고 질문하세요. 대부분 장난하냐는 말과 함께 어이없다는 듯이 여러분을 바라볼 거예요. 그때 자연스럽게 숫자가 적힌 모든 종이를 잡아서 주머니에 넣어주세요. 증거 인멸이죠.

아마 이 순간까지도 상대방은 여러분이 마술을 사용해서 이 봉투를 고르게 만들었다는 걸 짐작할 수 없을 거예요. 마술처럼 신기한 일은 아직 일어나지도 않았고 평소에 여러분이 마술을 자주 보여줬던 게 아니라면 갑자기 마술이랑 연관을 짓기도 힘들어요. 즉 의심할 여지가 전혀 없다는 말이죠. 오히려 봉투를 개봉할 때마다 형편없는 선물이 나와 이 이벤트를 전혀 기대하지 않는 분위기가 만들어졌을 거예요.

그렇게 마지막 봉투를 직접 열어보도록 건네고, 상대방이 놀라는 순간 여러분이 생각한 가장 멋진 말을 해주세요.

"수많은 사람 중에 내가 널 찾아낸 것처럼 너도 내가 준비한 진짜 선물을 찾을 줄 알았어." 이런 말로 상대방을 감동시켜 주세요.

이 마술은 수많은 봉투 중에 내가 원하는 봉투를 상대방이 고를 수밖에 없게 만드는 마술이에요. 이런 마술 기법을 포스Force라고 하는데요. 관객 입장에서는 다양한 선택지 중 최종적으로 도달한 결과를 본인 선택으로 골랐다고 믿을 수밖에 없습니다.

나에게 마술이 필요한 다양한 순간들

✽ 꿀팁

1 이 마술로 마법 같은 여행을 만들 수도 있어요. 봉투나 선물은 따로 필요하지 않고 종이에 다양한 여행지를 적은 뒤 상대방에게 직접 던지게 해서 최종적으로 남은 여행지로 여행을 떠나는 겁니다. 이때 항공권과 숙소, 음식점 등이 이미 예약돼 있으면 상대방 입장에서 굉장히 마법 같은 여행으로 기억에 남을 수 있겠죠?

2 대단한 걸 준비한 것처럼 하지 마세요. 그래야 상대방이 실망하지 않아요. 너무 큰 기대감을 심어주면 봉투 안에 든 휴지를 본 순간 오히려 실망감이 클 수 있어요. 5개의 봉투를 다 주는 줄 알고 정말 큰 기대를 할 수도 있거든요.

3 봉투를 가까이 놓지 마세요. 상대방과 봉투의 거리가 가까우면 돌발 상황이 만들어질 수 있어요. 첫 번째 봉투를 공개한 뒤 "뭐야? 이거 다 이상한 거만 들어 있는 거 아니야?"라면서 다른 봉투들을 다 열어보게 될 수도 있거든요. 즉 봉투를 손만 뻗으면 닿을 거리보다는 조금 멀리 두는 게 좋아요.

아들딸, 조카들에게
사랑받게 되는 마술

돈이 늘어나는 마술

"아이들과 대화하기가 힘들어요."

실제로 많은 부모님께서 자녀와 대화하기 힘들어하는 경우를 많이 봤습니다. 어린아이들의 세계에서 부모님의 존재는 마치 하늘과 땅 같아서 오롯이 부모님이 아이들과 전적으로 놀아줘야 하죠. 하지만 아이가 조금만 크면 아이들은 부모님과 노는 걸 재미없어 합니다. 이런 상황이 단지 놀이뿐만 아니라 아이와의 평소 관계에서도 벌어지곤 하죠. 그래서 내 아이와 대화할 수 있는 방법을 찾고 싶어 하는 부모님들이 꽤 많습니다. 그 어떤 부모도 내

아이와 소통의 부재로 인한 관계 단절을 원하지 않으니까요.

동서양의 가족 문화로 설명해 드릴게요. 지금은 많이 변하고 있지만, 동양과 서양의 가족 분위기나 문화는 정말 다릅니다. 동양은 부모가 사냥해서 구해온 식량을 자식에게 나눠주는 정이 있는 문화라면 서양은 부모가 자식에게 직접 사냥 방법을 가르쳐 주는 방식으로 독립성을 키워주는 문화라서 차이가 존재합니다. 그렇게 서양에서는 부모와 자식이 독립적으로 존재하기 때문에 거리감 없이 친구처럼 지낼 수 있는 거겠죠. 하지만 우리나라에서 친구처럼 지내는 부모와 자식 사이는 찾아보기 어려운 것 같습니다. 그나마 여성분들이 어머니와 친구처럼 지내기는 하는 것 같아요.

미국 드라마나 영화에서는 아버지가 아이들에게 간단한 마술을 보여주는 장면을 자주 볼 수 있어요. 자녀들과 더 즐겁게 놀고 싶은 아버지의 마음이 아닐까 싶은데요. 신기한 마술로 아이의 관심을 끌고 싶은 마음도 있을 거예요.

저는 유튜브 채널을 운영하면서 꽤 오랫동안 기초 마술 강의 영상을 올렸었어요. 유치원, 학교 선생님들이 댓글이나 메일로 "아이들과 소통할 방법을 알려주셔서 감사합니다"라는 말을 꽤 많이 남겨주셨습니다. 그 이후에 여름방학 특강을 오프라인으로 진행한 적도 있었어요. 그때 거제도와 제주도를 비롯한 전국 각지의 많은 아이가 부모님과 함께 2시간 정도밖에 진행하지 않는 제 마술 강의를 들으러 찾아왔죠. 강연을 마치고 꽤 많은 부모님이 제게 감사 인사를 해주시더라고요. "저와 아무런 대화도 해주지 않던 아이가 마술을 함께 배우며 대화하게 됐어요. 감사합니다." 그분들의 말씀을 듣고 마술로 인하여 내 자녀와의 관계를 풀어나가게 된 기쁨을 느낄 수 있었습니다. 자녀와 대화를 시도하고 싶으신 분들이 이 글을 보신다면 마술에 실패하더라도 꼭 아이와 같은 눈높이로 다양한 방법을 시도해보셨으면 좋겠습니다.

이제 어렵지 않으면서도 쉽게 아이들의 흥미를 유발할 수 있는 마술을 알려드릴게요. "00아~ 마술 보여줄까?"라는 말로 먼저 주의가 산만한 아이를 집중시키세요.

··· 마술 시연 ···

"여기 천 원짜리 지폐가 한 장 있는데 이 지폐가 눈앞에서 사라지는 마술을 보여줄 거야" 이렇게 말을 하면 아마 아이들이 지폐를 만지고 싶어 할 거예요.

"먼저 천원에 문제가 있는지 없는지 ○○이가 직접 확인해 봐" 이렇게 말을 하며 지폐를 건네주세요. 아이들은 직접 만져보고 확인하는 걸 좋아하기 때문에 그 부분을 충족시켜주는 게 좋아요.

"자 이제 이 지폐를 잘 접고~ 또 접어줄 거야~" 아이들에게 말로 설명해 주면서, 사진 속 지폐처럼 접고, 또 접어주세요.

"그다음 팔꿈치에 잘 문질러 줄게" 잘 접은 지폐를 팔꿈치에 문질러 주세요. 이 동작으로 아이를 집중시키며 마술을 기대하게 해주시면 좋아요.

지폐를 떨어트리며 "어라? 아직 안 사라졌네?" 지폐가 안 사라진 게 이상하다는 리액션을 해주시면 아이들이 많이 웃고 좋아할 거예요. 이런 재미있는 연출은 2~3번 정도 해주는 것이 좋습니다. 이건 아이의 반응에 따라서 더 많이 해주셔도 괜찮아요.

이 과정을 반복하면서 목덜미 뒤에 미리 꼽아둔 지폐를 핑거팜 해오세요. 이때 시선은 문질러주고 있는 지폐를 바라보셔야만 해요.

이번에는 자연스럽게 핑거팜을 한 지폐를 쥔 손으로 사라지게 할 지폐도 잡아주세요. 손 틈 사이로 지폐가 보이지 않게 주의해주셔야 합니다.

나에게 마술이 필요한 다양한 순간들

"자자 안 되겠다. 그러면 이번에는 반대 팔꿈치에 문질러보자!"라고 말하며 반대 팔꿈치에 문질러 주세요.

"사라져라~ 얍!" 하지만 지폐는 이번에도 사라지지 않아야 합니다. 대신 이번에는 지폐를 떨어뜨리지 마시고 손에 쥔 상태로 이야기를 하세요.

"아, 이 마술은 지폐가 사라지는 마술이 아니었네!"라는 말로 아이들이 다시 지폐에 집중할 수 있게 해주세요. 그리고 핑거 팜 해 온 지폐를 자연스럽게 꺼내어 눈앞에서 지폐를 두 개로 만들어주세요.

1   아이가 재미없어 하는데도 지폐가 사라지지 않는 마술 실패 연
출을 너무 많이 반복하지 마세요. 아이가 재미있어할 때까지만
보여주세요.

부모님의 기분을 풀어드리기 좋은 마술

코믹 마술

"화가 난 부모님의 기분을 어떻게 풀어드릴 수 있을까?"

　살아가다 보면 다투는 경우가 생길 수밖에 없죠. 먼저 이 마술은 여러분이 기대하신 것처럼 심각한 상황을 드라마틱하게 풀어드릴 수는 없을 겁니다. 여러분의 실수로 상대방이 진심으로 화가 난 상태라면 제가 지금 알려드리는 이 방법을 사용하지 않기를 권장합니다. 이 마술은 여러분이 이미 진심 어린 반성과 사과를 한뒤에 아직 상대방의 감정이 풀리지 않은 어색한 상황이나 별거 아닌 일로 마음이 상한 상황에 보여주기 적합해요. 즉 정말 심각한 상황에 이 방법을 사용하셨다가는 오히려 관계를 더욱 악화시킬 수 있습니다.

심각한 상황을 풀 수 있는 마술은 없냐고요? 진심으로 반성하고 사과해보세요. 이게 제일 좋은 방법입니다. 상대방과 여러분을 위해서요. 진심으로 반성하고 사과했음에도 상대방과의 관계가 풀어지지 않는다면 그 관계는 거기까지였던 거로 생각하셔도 괜찮아요. 그 어떤 요행도 바라지 마시고 진심으로 꾸밈없이 다가가 보세요. 그게 제일 좋은 방법입니다.

이번에 소개할 마술은 여러분의 우스꽝스러운 모습으로 상대방을 기습적으로 웃게 만들어 분위기를 풀어버릴 수 있습니다. 진심으로 사과를 한 뒤 상대와 조금은 어색한 식사나 음료를 마시는 상황에서 조심스럽게 시도해보면 좋을 것 같습니다.

··· 마술 시연 ···

일단 말없이 빨대로 컵을 두드리면서 상대방이 여러분을 보게 만드세요.

※ 이해를 돕기 위해 콜라를 사용했습니다.

빨대를 물에 담근 뒤 끝 부분을 엄지로 막아주면 빨대 안에 물이 갇히게 됩니다.

빨대에 물을 가둔 척해주세요.

반대로 엄지손가락을 떼면 물이 다시 흘러내리겠죠. 이걸 상대방이 보는 앞에서 2~3번 정도 반복해서 보여줍니다. 그러다 마지막엔 엄지손가락으로 끝부분을 막는 척하면서

그 빨대를 여러분의 귀로 가져가세요. 그러면 상대방은 "뭐 하는 거지?"라는 표정으로 보고 있을 텐데요.

그때 엄지를 떼면 입에서 물이 주르륵 흐르도록 장난을 보여주
시면 됩니다. 반복된 동작을 통해 상대방의 눈을 속이는 트릭을
이용한 장난 같은 마술이에요.

해주세요. 그럴수록 귀에 넣는 척 입에서 물이 나오는 순간에 더 웃기고 신기한 느낌을 줄 수 있거든요.

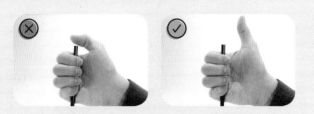

3 꼭 마지막엔 엄지손가락을 닫는 척만 해주세요. 진짜로 물을 귀에 넣으면 다칠 수 있습니다.

부모님에게 놀라움과 감동을
줄 수 있는 마술

서프라이즈 편지 마술

"부모님 생신 때 감동을 드리고 싶은데 방법이 없을까?"

어떻게 해야 부모님이 더 좋아하실지 고민하는 건 남녀노소 상관없이 모두가 할 거예요. 그런 고민이 들 때 한 번쯤 사용하기 좋은 마술을 하나 알려드리려고 합니다. 먼저 이 마술의 포인트는 마술이 아닌, 마술 안에 담긴 여러분의 마음입니다. 이 마술 이름이 서프라이즈 '편지' 마술이죠. 즉 편지 안에 담긴 부모님에 대한 여러분의 진심이 가장 중요한 마술입니다. 마술은 그저 소스에 불과해요. 마술로 부모님을 방심하게 만든 다음 낮아진 기대치를 활용하여 더욱 감동을 극대화해주는 것이라고 생각하시면 돼요. 진심이 담긴 편지만 전달해도 좋아하시겠지만, 사랑하는 내 자녀가 나를 위해서 마술을 준비했다면 더 감동적일 거예요.

··· 마술 시연 ···

"제가 선물을 하나 준비했는데요"라는 말로 작은 봉투를 보여주며 부모님의 호기심을 자극해주세요.

"그 선물은 바로! 달콤한 사탕! 사탕 좋아하시잖아요~"라는 말로 누가 봐도 급하게 준비해 온 것 같은 작은 물건을 꺼내며 보여주세요. 집에 굴러다니던 사탕이나 초콜릿 같은 걸 넣어주시면 더 급조한 느낌이 들어서 좋아요. 그렇게 봉투 안에 있던 물건을 꺼내서 건네 드리세요.

그러면 상대방의 성향에 따라 반응이 천차만별일 거예요. 급조한 선물마저도 좋아해 주시는 분들이 계실 수 있고, '이게 뭐야?'라는 말로 당황스러워하시는 분들도 계실 거예요. 또는 '이걸 지금 선물이라고 주는 거야!?'라며 호통을 치시는 분들도 계실 수도 있죠. 하지만 다 의도한 분위기입니다.

"어? 왜요? 사탕 좋아하시잖아요?"라는 말로 능청스럽게 상대방을 살짝 놀려주세요. 이 과정을 통해서 마술을 할 거라고는 조금도 예상할 수 없도록 분위기를 만들어주셔야 좋습니다.

"농담이에요~ "라는 말을 하며 분위기를 잡아주세요. 그리고 비어있는 봉투 안을 확실하게 보여주세요. 이 과정에서 가장 중요한 부분은 봉투 안을 직접적으로 보여주면서 "아무것도 없습니다~"를 강조하는 게 아니라 자연스럽게 아무것도 없다는 걸 상대방이 볼 수 있도록 하는게 중요합니다. 만약 직접적으로 "봉투 안에 아무것도 없죠!?"라고 말한다면 직접 가져가서 봉투를 확인해보고 싶어 할 수도 있습니다. 즉 봉투를 강조해 집중하게 만들지 마세요.

"이 작은 봉투처럼 평소에 어머니를 향한 제 마음도 작아 보였을 것 같아요"라는 말을 진심 어리게 해주세요. 그렇다고 너무 무겁거나 부담스럽지 않게요. 뭐든 과하면 좋지 않습니다. 이 말을 하는 이유는 여러분의 메시지를 더욱 정확하게 전달하기 위해서예요. 생일이나 기념일에 단순히 편지를 전해드리는 것만으로도 좋겠지만, 작은 봉투를 준비한 이유를 상대방에게 비춰진 내 마음에 비유해서 표현한다면 더욱 여러분의 말에 집중하게 될 거예요.

집중하고 있던 상대방에게 '하지만'이라는 말로 봉투 안에서 긴 편지를 꺼내는 마술을 보여주며 놀랍게 해주세요. 너무 빠르게 꺼

내지 마시고 천천히 꺼내면 더욱 신기해 보일 수 있어요. 아무것도 없었던 봉투에서 또 다른 물건이 나오는 것만으로도 이미 신기한데, 그 물건이 봉투에

절대 들어갈 수 없는 사이즈면 더욱 신기해 보일 거예요.

"이 커다란 편지처럼 저도 어머니를 많이 사랑합니다. 단지 표현이 서툴러서 이렇게 작아 보이는 거예요. 저도 앞으로 더 표현 많이 할게요"라는 말로 작은 봉투와 긴 편지지를 나란히 놓고 보여주세요. 그래야 더 비교돼서 신기할 수 있습니다.

왜 이 마술이 상대방에게 감동을 줄 수 있는지 아시겠죠? 보통 표현이 서툰 사람들은 자신의 진심을 상대방에게 제대로 전달하지 못해서 관계가 틀어지는 경우가 많은데요. 아무리 사랑하는 사이여도 표현하지 않으면 그 깊이를 알 수 없습니다. 이 마술은 보다 쉽게 여러분의 마음을 상대방에게 직접적으로 표현할 수 있도록 도와줘요. 상대방에게 감동을 줄 수도 있죠. 이 마술이 앞으로 소중한 사람들에게 좀더 여러분의 마음을 표현할 수 있는 계기가 됐으면 좋겠습니다. 그래야 더욱 건강한 인간관계를 만드실 수 있으실 테니까요.

… 특수 봉투 제작 …

이 마술은 도구를 직접 만들어서 할 수 있는 마술이에요. 먼저 제가 마술 시연에서 보여드렸던 것 같은 짧은 봉투는 시중에서 구하기 쉽지 않을 수 있습니다. 실제로 저도 작은 봉투를 사용한 게 아니라 긴 봉투를 잘라 만들었는데요. 알맞은 작은 봉투를 찾으면 제일 좋겠지만 기다란 세로형 봉투를 구매하셔서 직접 만들어 사용해도 문제가 없으니 안심하시고 마술을 즐겨보세요.

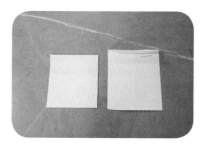

먼저 긴 봉투의 절반을 잘라주세요. 봉투의 입구가 있는 쪽을 좀더 길게 잘라주셔야 해요.

입구가 달린 절반의 봉투 아랫부분을 조금 접어서 테이프로 붙여주세요. 그러면 짧은 봉투처럼 보이게 됩니다.

봉투 뒷부분 중간을 가로로 잘라주세요. 너무 좁게 자르면 편지지가 나오기가 힘들고, 너무 넓게 자르면 봉투가 헐렁해질 수 있으니 여러분의 편지 양에 따라서 적당한 사이즈로 잘라주세요.

칼로 자른 부분은 알고 보지 않으면 크게 티가 나지 않습니다.

트릭을 들키지 않을까 걱정하지 않으셔도 돼요.

입구가 없는 봉투 부분은 절반으로 잘라주세요. 가로나 세로로 가르는 게 아닌 얇은 종이 두 장으로 나눈다고 생각하시면 좋아요.

미리 만들어둔 봉투 안에 들어갈 수 있는 사이즈로 잘라주세요. 단 너무 많이 잘라내면 봉투가 2겹인게 티가 나기 때문에 봉투와 비슷한 사이즈로 잘라주는 게 포인트입니다.

2중 봉투를 만드는 이유는 마술 시연을 할 때 사전에 넣어둔 사탕 같은 선물

을 꺼내고 난 뒤 봉투 안을 상대방에게 보여주기 위함입니다. 그러니 꼭 작업을 해주세요.

이렇게 봉투가 완성됐다면 이 안에 들어갈 수 있는 사탕 같은 물건과 진심이 담긴 편지를 준비해주세요. 그러면 마술을 시연할 준비 끝!

··· 특수 봉투 사용 방법 ···

마술 시연 전 길게 만 편지는 왼손 약지에 껴서 옷소매 안으로 넣어주세요. 긴팔을 입어야 안전하겠죠? 연습을 많이 하신다면 반팔을 입거나 팔을 걷은 상태에서도 할 수 있습니다.

봉투를 열어 사탕을 건

네줄 때 봉투를 잡은 왼손은 가만히 있는 상태에서 오른손으로 봉투 입구를 관객 쪽으로 꺾어서 보여주세요. 이때 너무 왼손이 경직된 느낌이 나지 않게 힘을 빼주셔야 좋아요.

편지를 봉투에서 꺼내는 방법은 먼저 오른손 검지로 이중 봉투 부분을 밀어주세요.

칼집을 내났던 봉투를 엄지손가락으로 밀어서 틈을 만들어주세요. 이 두 가지 동작을 할 때 가만히 아무 말도 하지 않고 뒤적거리는 게 아닌 "음? 그게 어디 갔지~?"라고 말하면서 능청스럽게 이 작은 봉투 안에서 다른 물건을 찾는 것처럼 연기해주세요.

그리고 편지를 꺼내는 방법은 검지를 봉투 깊숙이 넣어 편지를 말아 생긴 구멍에 끼워주시면 돼요. 검지를 낄 때 편지가 밑으로

밀려나지 않도록 소지로 잡아주어야 합니다.

이제 편지를 위로 쭉 천천히 뽑아주면 끝! 너무 빨리 뽑지 마시고 천천히 뽑으면서 느낌을 살려주세요. 짧은 공간에서 기다란 물건이 나왔다는 표현을 강조하는 것이 아주 중요합니다.

---

* 꿀팁

1 편지를 전달해야 한다는 고정관념을 버려주세요. 이건 단순히 편지 마술이 아니라 작은 공간에서 나올 수 없는 큰 물건이 나타나는 마술입니다. 이제 이 마술을 얼마나 다양하게 활용할 수 있을지 상상이 되나요? 빼빼로 데이 같은 날에는 기다란 빼빼로를 꺼낼 수도 있고, 용돈이나 효도 쿠폰으로도 활용 가능합니

나에게 마술이 필요한 다양한 순간들

다. 또는 배달 음식을 먹는 순간에 기다란 나무젓가락을 꺼내어 상대방을 즐겁게 해주셔도 좋을 거예요. 마술의 현상에 대해서 정확히 이해하신 다음 폭넓게 응용해서 즐기시길 바랍니다.

2 진심 어린 편지만으로 감동을 줄 수 있는 상황인지 확인하세요. 여러분이 부모님으로부터 경제적인 독립을 한 상황이라면 편지 만으로는 부족할 수도 있습니다. 편지 안에 다른 선물의 위치를 적어놓는 방법을 활용해도 재밌을 겁니다.

거래처 미팅에서
나를 각인시킬 수 있는 마술 ①

명함 마술(난이도 下)

"중요한 미팅에서 나를 어필할 수 있는 방법이 있을까?"

거래처와의 미팅에서 인사하며 가장 먼저 건네는 것이 바로 명함이죠. 실제로 많은 기업이 명함 디자인에 신경을 쓰고 있습니다. 왜냐하면 미팅을 마치고 수많은 타 업체의 명함 속에서 내 명함이 돋보이면 그 덕에 거래가 성사될 수도 있기 때문이죠. 저도 수많은 거래처 미팅을 통해서 다양한 명함을 받아 봤어요. 평소에는 그 명함들을 회사 거래처 파일에 넣어 보관하는데요. 회사에 필요한 일이 생기면 꼭 그 앨범을 펼쳐서 둘러보곤 합니다. 내가 만났던 사람 중에 필요한 일을 함께 할 수 있는 사람을 찾을 가능성이 있으니까요.

이럴 때 명함을 보는 것만으로도 상대방이 날 떠올릴 수 있게 된다면 정말 좋겠죠? 실제로 명함을 활용한 마술은 꽤 다양하게 있어요. 하지만 대부분 고난도고, 쉬운 마술은 마술 도구를 구입해야 하는 번거로움이 있습니다. 그래서 제가 이번에는 직접 마술 도구를 만들어서 사용할 수 있는 방법을 알려드리려고 하는데요. 혹시라도 중요한 미팅이 많으신 분들이라면 비즈니스용 아이템으로 하나 구매해놓는 것도 좋다고 생각해요. 몇만 원이면 도구가 닳기 전까지 꽤 여러 번 쓸 수 있으니까요.

저는 현재 유튜브 구독자가 60만 명을 돌파해, 가끔 미팅을 나가게 되더라도 명함이 필요 없어지긴 했어요. 유튜브에 마술만 검색하면 제 채널이랑 콘텐츠들이 상단에 노출되고 있거든요. 하지만 제가 프로 마술사로 활동하게 된 12년 중 유튜브에서 많은 구독자를 보유하게 된 건 불과 4년이 채 되지 않습니다. 즉 제가 유튜브에서 자리를 잡고 활동하게 된 시간보다 무명 마술사로서 더 많은 시간을 보냈어요. 마술 업계에서는 국내외로 어느 정도 인지도가 있는 편이었지만 국내 대중들에게는 니키라는 이름의 마술사는 그저 무명 마술사였어요. 그때 저도 명함을 어떻게 인상 깊게 건넬 수 있을까 고민을 참 많이 했습니다. 실제로 제 모습을 캐

릭터화해서 명함에 넣어보기도 하고 마술사의 상징 중 하나인 장미를 그려 넣어보기도 했었죠. 하지만 일개 무명 마술사였던 저는 명함 디자인만으로 거래처에 강한 인상을 심어줄 수는 없었어요. 그러다 시험삼아 미팅할 때 명함이 나타나는 마술을 보여줬는데 의외로 반응이 좋더라고요. 제 명함 마술을 본 상대방은 "혹시 괜찮으시면 이따 마술을 좀더 보여주실 수 있으실까요? 마술을 직접 보는 게 처음이라서요"라고 말하시더라고요. 그렇게 미팅을 시작하니 일적으로 처음 만난 자리에서도 저에 대해서 관심과 호감을 보인다는 걸 느낄 수 있었어요. 먼저 비즈니스 마술에서 가장 중요한 포인트는 너무 각 잡고 마술을 보여주면 상대에 따라서 호불호가 나뉠 수 있다는 점이에요. 엄연히 업무상 만난 관계이기 때문에 마술로 주객이 전도되는 일이 일어나서는 안 돼요. 미팅에서 가장 기본적으로 하는 행동들에 마술을 녹이는 게 포인트입니다. 그리고 그렇게 녹일 수 있는 마술 중 대표적인 게 명함 마술이죠. 미팅을 하면 명함은 필수적으로 주고받으니까요.

　이번에는 제가 실제로 사용했었던 명함 마술 두 가지를 알려드릴 거예요. 하나는 난이도가 쉬운 도구를 활용한 마술이고 또 하나는 난이도가 꽤 높지만 도구 없이도 할 수 있는 마술입니다. 도구가 필요한 마술이라면 도구를 구매하는 게 가장 좋지만, 지금은 직접 만들어서 사용할 수 있는 방법으로 알려드릴게요.

미팅에서 처음 만나 인사를 나누며 명함을 주고받는 상황에 이 마술을 사용하시면 돼요. 보통 먼저 명함을 꺼내서 건네드리는 게 더 좋겠지만 마술로 인상 깊게 명함을 건네야 하니까 상대방이 명함을 먼저 주기를 기다려 주세요. 이때 여러분도 자연스럽게 주머니에서 명함 케이스를 꺼내는 것처럼 마술 도구를 꺼내 주시면 돼요. 마술 도구를 꺼내는 동작에서 자연스럽게 상대방이 먼저 명함을 건넬 수 있도록 뜸을 들이시면 자연스러워요.

"아이고! 제가 명함을 깜빡하고 놓고 왔네요"라는 말로 살짝 당황한 것 같은 뉘앙스를 내주고 마술도구를 열어 아무것도 없는 걸 보여주세요. 그러면 상대방은 여러분의 의도대로 비어있는 마술 도구를 보게 될 거예요. 그리고 대부분이 '괜찮습니다~'라는 반응일 겁니다.

"그래도 방법이 다 있습니다. 혹시 건네주신 명함을 좀 사용해도 괜찮을까요?"라는 말로 상대방에게 받은 명함을 비어있는 마술 도구에 넣어주세요. 이 분위기에서 "아니요?"라는 말로 분위기를 차갑게 만드는 사람은 많지 않습니다.

"이 케이스 가운데 버튼 좀 눌러주시겠어요?"라는 말로 상대방이 자연스럽게 마술에 참여 할 수 있도록 리드해주세요. 이때만 해도 상대방은 '지금 뭐 하는 거지?'하면서 그저 별 생각 없이 보고 있을 거예요. '마술인가!?'하면서 의심하게 되는 경우는 거의 없다고 봐도 괜찮으니 너무 긴장하거나 걱정하지 않으셔도 됩니다. 그리고 특별하게 어려운 기술이 들어가는 것도 아니니까요.

"버튼을 누르고 열어주면? 제 명함으로 바뀌었네요. 여기 제 명함입니다"라며 명함을 위트있게 건네주세요. 그리고 자연스럽게 마술 도구는 여러분의 안주머니나 가방에 넣어서 처리해주세요.

이 마술은 정말 거의 100% 반응이 좋은 마술이라고 자부할 수 있을 정도로 제가 늘 효과를 본 마술이에요. 이 마술의 장점은 상대방이 마술이라고 생각하지도 못한 상태에서 기습적으로 마술을 보게 돼 더 놀랍고, 실패할 확률도 적다는 점이에요. 그리고 보통 마술 시연에는 일련의 과정들이 있잖아요. 그런데 이 마술은 미팅을 하는 상황이라면 당연히 할 수밖에 없는 명함을 주고받기를 활용했기 때문에 상대방의 시간을 뺏어가면서 하는 게 아니라는 장점도 있어요. 그리고 무엇보다 정말 쉽죠. 난이도가 상중하 중에 하보다도 낮은 수준이에요. 즉 정말 큰 부담 없이 할 수 있어요. 이렇게 위트 있는 명함 마술로 미팅의 시작부터 상대방에게 여러분을 각인시키며 분위기를 환기해 보세요. 여러분이 그날 하게 될 미팅은 상대방이 여러분의 센스에 놀라 약간의 호감이 생긴 채로 진행하게 될 거예요. 미팅을 자주하는 분들이라면 꼭 활용해 보시기 바랍니다.

… 마술 도구 제작 …

이제 마술 도구를 어떻게 만드는지 알려드릴게요. 이 마술 도구의 정식 명칭은 힘버 월렛Himber Wallet이에요. 실제로 지갑처럼 생겼기 때문에 명함을 넣어 다니는 용도로 사용하셔도 좋아요. 이 마술을 테스트 삼아 만들어서 사용해보시고 괜찮다 느끼시면 마술 도구를 구매하시는 걸 추천합니다.

검은색 도화지를 'Z' 형태로 길게 잘라 붙여 만들어주세요. 검은색 종이를 사용하셔야 종이를 겹친 부분이 눈에 잘 띄지 않습니다.

종이를 붙여서 명함을 꽂을 수 있도록 만들어주세요.

명함을 넣어서 오른쪽에서 왼쪽으로 닫아주세요. 그래야 별다른 동작 없이 쉽게 마술을 할 수 있어요. 이렇게 지갑을 덮어주는 동작만으로도 명함이 뒤바뀐 상태가 됩니다.

지갑을 닫을 때와 똑같이 오른쪽에서 왼쪽으로 열어주세요. 그러면 바뀐 명함을 볼 수 있을 거예요. 중요한 포인트는 처음 지갑을 덮었을 때와 같은 방향과 동작으로 보여주서야 해요. 그래야 이질감이 안 느껴집니다.

1 상대방에게 내 명함이 아닌 상대방의 명함을 넣는 걸 잘 확인 시켜주세요. 그래야 자기 명함이 눈앞에서 다른 명함으로 바뀌었다는 걸 인지해 더욱 신기하게 볼 수 있을 거예요. 마술에서는 마술이 일어나기 전 물건을 상대방에게 확실하게 인지시켜주는 게 핵심입니다.

2 상대방이 명함을 주지 않았을 때는 명함이 나타나는 마술로 시연할 수 있어요. 비어있는 지갑을 보여주시고 상대방이 버튼을 누르면 명함이 나타나는 마술을 하는 겁니다.

3 명함이 쉽게 빠지지 않도록 도구를 견고하게 만들어주세요. 마술을 시작하기도 전에 지갑을 꺼내는 동작에서 미리 준비한 명함이 흘러내리거나 반대로 마술이 끝난 뒤 정리하는 과정에서 상대방의 명함이 흘러내리면 트릭이 노출될 수 있어요. 이 부분을 조심해주세요.

거래처 미팅에서
나를 각인시킬 수 있는 마술 ②

명함 마술(난이도 上)

영화 〈나우 유 씨 미: 마술사기단〉 메인 포스터
ⓒ 롯데엔터테인먼트

우리나라에서 크게 흥행했던 마술 영화 〈나우유씨미NOW YOU SEE ME〉 기억하시나요? 각기 다른 주특기를 가진 마술사 4명이 '포 호스맨'이라는 팀을 만들어 마술 사기를 치면서 의적 같은 활동을 하는 영화죠. 그 영화의 후속작인 〈나우유씨미 2〉에서 가장 인상 깊은 장면으로 손에 꼽히는 게 있습니다. 바로 보안이 철저한 회사에 들어가서 중요한 카드를 훔쳐오는 장면인데요. 수많은 보안업체 직원들을 교묘하게 속이는 손기술이 필요한 카드 마술이 정말 압권이라 그 부분만 따로 클립이 돌아다닐 정도였죠. 이 장면 속 마술을 가지고 실제로 많은 분들이 가능하다, 아니다로 의견이 갈렸는데요. 일단 결론부터 말씀드리자면 '가능하지만 가능하지 않다'라고 답변해드릴 수 있을 것 같아요. 이게 무슨 말이냐고요? 일단 그 장면에는 다양한 마술 기법이 들어갔지만, 손기술을 주로 다루는 '슬라잇 오브 핸즈Slight of Hands:영민한 손'이라는 마술 카테고리에서 카드를 사라지거나 나타나게 하는 기술 중 하나인 카드 피벗Pivot이 영화 장면 연출에 사용됐습니다.

그런데 영화에서는 더욱 극적인 연출을 위해 프로 마술사라면 절대 사용하지 않을 비효율적인 동작이 곳곳에 등장합니다. 물론 보기에는 더 아찔한 마음이 들어서 좋은 영화적 연출이었다고 생각합니다.

"근데 왜 명함 마술이 아닌 영화 이야기를 하는 거예요?"

이번에 알려드릴 마술이 그 영화에 나왔던 마술 중 한 부분이기 때문이에요. 제가 영화 속 마술이 가능하지만 가능하지 않다고 말했었죠. 그 말은 실전에서는 충분히 사용 가능하다는 말로 해석할 수 있어요. 상대방과 명함을 주고받는 상황에 상대방의 귀 쪽에서, 혹은 그저 허공에서 명함을 만들어내는 놀라운 마술이 가능합니다.

⋯ 마술 시연 ⋯

"안녕하세요. 저도 명함 하나 드릴게요"라고 말하면서 빈손을 보여주고 허공을 바라보세요.

"음! 여기 제 명함이 있었네요"라는 말을 하며 아무것도 없는 허공에서 명함을 꺼내어 상대방에게 건네주세요. 아무것도 없었던 손에서 갑자기 명함

이 나타나는 마술로 더욱 인상 깊게 명함을 건넬 수 있습니다.

카드나 명함을 준비해서 따라해 보세요. 단 신용카드나 교통카드처럼 딱딱한 카드로는 초심자가 하기에 어렵습니다.

손을 가볍게 오므린 상태에서 카드를 검지와 소지 두 번째 마디에 걸쳐주세요.

중요한 포인트는 카드의 끝부분이 손가락 중간 마디에 오게 해주셔야 해요.

그리고 주먹을 꽉 쥐어주세요. 카드가 사라지게 하기 전 꼭 필요한 기초 과정입니다.

주먹을 쥐었던 손을 펴 주세요. 단 손가락 사이사이는 붙여주셔야 해요. 이 상태가 실제로 명함을 나타나게 하는 마술의 준비 자세입니다. 실전에서는 명함을 꺼내는 척 주머니를 뒤지다가 외투 안 또는 가방 안에서 이 자세를 만들어 놓으신 뒤에 시연하시면 돼요.

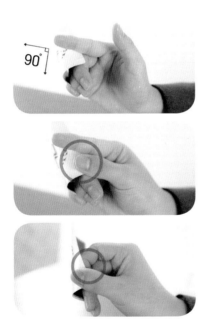

카드를 나타나게 하려면 검지를 제외한 중지, 약지, 소지 손가락을 안으로 90도 정도 구부려 주세요.

중지 위에 있는 카드 끝부분을 엄지로 눌러주세요.

검지를 카드 뒤쪽으로 가져가 카드 끝부분을 잡아주세요.

검지가 뒤로 넘어가면서 카드를 잡을 때와 거의 하나의 동작처럼 중지, 약지, 소지를 펴주세요. 명함이 나타나는 순간에 필요한 동작은 모두 빠르고 자연스럽게 이어주셔야 합니다. 순식간에 '뿅' 하고 나타나는 느낌으로 꺼내주세요.

*** 꿀팁**

1 이 방법은 여러분의 숙련도가 높아진다면 명함을 여러 장 꺼낼 수가 있어요. 먼저 한 장이 나타나는 마술부터 익숙하게 연습하신 뒤 명함을 한 장씩 늘려보세요.

2 카드를 사라지게 하고 나타나게 하는 과정을 다 연습하셔야 해요. 나타나는 것만 연습하면 실전에서 사용하기 힘들 수 있어요.

3 카드를 뒤로 넘겼는데 손가락 사이로 카드가 삐져나올 때는 카드를 최대한 끝부분만 잡고 넘길 수 있도록 연습하면 고칠 수

있어요. 단 처음에는 카드를 손가락으로 잡은 느낌 자체가 어색하므로 손에 감을 익히는 게 먼저입니다. 처음부터 너무 안 보이게 하려고 손을 부들부들 떨 정도로 연습하기보다는 좀 보이더라도 넘기는 걸 자연스럽게 하고, 그 뒤에 카드 위치를 조금씩 바꿔서 안 보이게 연습해보세요. 이 과정이 생각보다 쉽지 않을 수도 있습니다.

좋은 인상을
남길 수 있는 마술

예언 마술

"미팅 분위기도 좋고~ 중요한 이야기도 다 나눴는데 좋은 인상을
남길 방법이 없을까?"

실제로 거래처 미팅에서 중요한 이야기를 끝마치고 나면 사적
인 대화를 할 수 있는 약간의 여유가 생기곤 해요. 그 순간에 마술
로 기회를 잡으면 비즈니스를 더욱 성공적으로 만들 수 있습니다.
저희 아버지가 제게 늘 강조하셨던 말이 있어요. "결국 모든 일은
사람이 하는 거다." 결국 모든 일은 사람과 사람이 만나서 시작되
는 것이기 때문에 항상 관계를 소중하게 생각하라는 아버지의 가

르침이었어요. 실제로 살아오면서 상대방에게 좋은 인상을 남겨 손해 볼 것이 없고 안 될 일도 되게 할 수 있다는 걸 체감했었습니다. 제가 그럴 수 있었던 건 상당 부분 마술 덕이었어요. 이번에 알려드리는 마술로 여러분에게 갑자기 찾아올 기회의 순간에 조금이라도 좋은 인상을 남길 수 있길 바랍니다. 이 마술은 아무 준비도 하지 못한 상황에서 주변에 있는 물건들을 가지고 언제 어디서나 할 수 있는 마술이에요. 제가 즉흥적으로 마술을 하게 되는 순간이 왔을 때 가장 많이 했던 마술 중 하나인 만큼 효과가 확실합니다.

··· 마술 시연 ···

"제가 마술 하나 보여드릴까요?"라는 말을 하면서 먼저 주위 사람들의 관심을 끌어주세요.

"테이블에 있는 것 중 이 휴지랑 빈 컵, 그리고 핸드폰 이렇게 세 개를 앞에 놔둘게요"라는 말을 하면서

실제로 마술을 하는 그 순간 근처에 있는 작은 물건들을 테이블 위에 올려주세요. 꼭 언급한 물건이 아니어도 괜찮으니 주변에 있는 물건 중 테이블에 올릴 수 있는 걸 가지고 하세요.

"그리고 핸드폰에 메모장을 켜서 저한테 잠깐 주시겠어요? 제 핸드폰으로 하면 의심하실 것 같아서 빌려서 하겠습니다"라는 말로 관객들의 기대치를 높여주세요. 그리고 핸드폰을 받아서 앞에 놓아둔 물건 3개 중 하나의 물건을 정말로 적어주시고 화면을 꺼둔 채 테이블 위에 올려놔 주세요. 이때 상대방은 자기 핸드폰으로 뭘 했는지 전혀 알 수 없는 상태이기 때문에 너무 긴장하지 않으셔도 괜찮아요. 다만 절대로 "제가 미리 예언해두었습니다"라는 말은 하지 마세요. 괜히 상대방에게 과한 호기심을 불러일으켜 돌발적인 행동으로 마술에 실패할 수 있습니다.

"휴지, 빈 컵, 그리고 핸드폰 세 개의 물건이 있는데요"라는 말을 하면서 관객들이 마술에 사용하는 물건을 정확하게 인지할 수 있

 도록 리드해 주세요. "앞에
계신 분이 오른손으로 이
물건 중 하나를 덮어주시
겠어요?"라는 말로 하나를
선택하게 해주세요. 하지
만 절대로 선택이나 골라

달라는 말을 사용하시면 안 돼요. 그냥 덮어달라고 말하면 돼요.

이때 관객이 손으로 덮은 물건이 여러분이 적어둔 물건과 일치한다면 자연스럽게 "이 물건을 선택하셨네요?"라는 말을 하면서 자연스럽게 나머지 물건들을 치워버리세요. 그래야 관객이 손으로 덮은 물건을 제외한 나머지 물건들을 선택하지 않았다는 느낌을 받을 수 있습니다. 즉 치워진 물건들을 눈으로 보면서 '내가 저 물건을 선택할 수도 있었을 텐데…?'라는 생각을 하게 만드는 효과예요. 그다음에는 자연스럽게 관객이 핸드폰을 직접 켜서 확인할 수 있게 해주시면 됩니다. 만약 적어둔 물건을 손으로 덮지 않았다면 이렇게 해보세요.

"자 이번에는 반대 손으로 다른 물건 하나를 덮어주세요"라는 말을 한 뒤 관객이 손으로 하나 더 덮었는데 이때도 여러분이 적어둔 물건을 고르지 않았다면 자연스럽게 "직접 고른 물건들을

치워주세요"라는 말로 관객이 손으로 덮은 물건을 스스로 치우게 해주세요. 시각적으로 남겨진 물건이 강조돼야 마술의 효과가 증폭될 수 있어요. "이제 하나의 물건만 남았네요? 핸드폰을 확인해 보시겠어요?"라는 말로 마치 관객이 치워버릴 물건을 스스로 선택한 것처럼 분위기를 만들어주세요. 만약 관객이 미리 적어둔 물건을 덮었을 경우에는 이렇게 해주세요.

"좋아요. 선택받지 못한 물건은 치워버리도록 하겠습니다"라는 말을 함으로써 원래부터 직접 선택한 물건들로 마술을 이어갈 거였다는 분위기를 만들어주세요. 양손으로 물건을 하나씩 덮었기 때문에 억지스러운 느낌이 나진 않을 겁니다.

"이 두 가지 물건 중 하나의 물건을 저에게 주세요." 이때 미리 적어둔 물건을 관객이 건네준다면 "왜 이걸 저에게 주셨어요?"라는 말로 지금 한 행동에 큰 의미를 부여해주세요. 그러면 관객은 별 생각 없이 한 행동이었지만 자기가 건넨 행위가 사실은 특별한 선택을 하게 된 것처럼 느껴질 거예요. 바로 이어서 "이 선택 받지 못한 물건은 치워주세요"라는 말로 관객이 여러분에게 건넨 물건을 더욱 강조해주시면서, 미리 적어둔 핸드폰을 관객에게 확인시켜주면 돼요. 하지만 미리 적어둔 물건을 선택하지 않았을 경우엔 이렇게 하세요.

"그러면 남은 물건은 직접 가져가 주세요." 이렇게 말하면서 남아있는 물건을 가져가게 함으로써 자기가 그걸 선택했다고 착각하게 해주세요. 그리고 "왜 이 물건을 제게 주시고 그 물건을 가져가셨어요?"라고 물어봐 주세요. 그러면 대부분 별다른 생각 없이 한 행동이기 때문에 특별한 답을 하지 못할 거예요. 그때 자연스럽게 여러분이 건네받은 물건을 치우면서

"그러면 당신에게 선택받지 못한 이 물건은 치우도록 하겠습니

다"라고 말해주세요. 상대방에게 건네준 물건보다 직접 가져간 물건의 비중을 크게 느끼게 하는 방법입니다.

"이제 핸드폰을 열어서 직접 확인해 보시겠어요?"라는 말로 마술을 마무리해 주세요.

이 마술은 손기술이 들어가지 않기 때문에 마술의 효과에 비해 상당히 쉬운 마술처럼 보일 수 있어요. 하지만 이 마술은 시연하는 사람이 분위기와 흐름을 잡는 게 상당히 중요해요. 즉 마술을 관람하는 상대방 입장에서 조금이라도 불편함을 느끼거나 의문점이 생기는 순간 이 마술의 효과는 상당히 애매해질 수 있어요. 예를 들어 처음 선택에 관객이 다른 물건을 선택한 순간, 여러분들이 조금이라도 내가 의도한 방향으로 흘러가지 않았다는 뉘앙스를 풍기면 안 됩니다.

좀 더 쉽게 설명하자면 여자친구와 데이트하다가 여자친구가

"우리 저녁으로 파스타 먹으러 갈까?"라고 말을 한 상황에 여러분이 즉각적으로 대답을 하는 게 아닌 "음… 좋아"라고 살짝 고민하다가 대답하면 눈치가 빠른 여자친구는 바로 "파스타 말고 먹고 싶은 거 있어?"라고 되물어 볼 거예요. 왜냐하면 여러분에게 고민하는 듯한 뉘앙스가 풍겼기 때문이죠. 이 마술도 마찬가지입니다. 직접적인 손기술이 없더라도 당황함을 드러내지 않는 언어의 기술과 순발력이 필요합니다. 이렇게 아주 작은 뉘앙스를 지우기 위한 연습도 하셔야 해요.

이 마술의 정확한 이름은 매지션스 초이스^{Magician's Choice}● 입니다. 이 마술 같은 경우에는 결과가 나오기 전까지 관객은 무슨 마술인지 도무지 알 수 없기 때문에 의문점이 생겨날 수밖에 없어요. 하지만 여러분의 부자연스러운 행동에 대한 의문이 아니라 지금 이 마술의 결과에 대한 의문으로만 남게 진행해주세요. 즉 관객의 선택에 즉각적으로 대처하는 여러분의 모습에서 단 하나도 어색한 뉘앙스가 풍기지 않게 하셔야 합니다. 이게 제일 중요해요.

● 마술사의 선택이지만 관객은 자신이 선택했다고 착각하게 만드는 고도의 언어 테크닉이다. 관객에게 두 개 이상의 선택지를 주고 자유롭게 고르게 한 뒤 관객의 반응과 선택을 기반으로 사전에 마술사가 준비한 결과대로 만들어내는 것을 의미한다.

1 미리 예언할 때 손으로 덮기 좋은 물건을 껴두시면 좋아요. 예를 들어 사용한 휴지나 큰 컵은 손으로 덮기에는 조금 꺼려지죠. 그사이에 작은 립스틱이나 립밤 또는 핸드폰 같은 물건을 두면 상대방이 무의식적으로 손을 가져가 덮을 거예요. 마치 잘 구워진 고기에 먼저 손이 가는 것처럼 말이죠.

2 상대방의 태도에 따라서 예언해둔 물건의 위치를 바꿔보세요. 마술에 적극적으로 참여하는 태도를 보이는 사람이라면 오른손에서 가장 먼 곳인 왼쪽에 예언해둔 물건을 두세요. 왜냐하면 일부러 마술을 더 신기하게 관람하고 싶은 마음에 무의식적으로 오른손으로 덮기 가장 어려운 곳에 있는 물건을 덮을 겁니다. 그래야 내가 어려운 선택을 했다고 생각하게 되거든요. 마술 관람에 적극적인 사람은 마술을 더욱 신기하게 즐기고 싶어 하는 심리를 반영한 행동을 하게 될 확률이 높습니다. 반대로 마술을 적극적인 태도로 관람하지 않는 상대라면 오른손에 가까운 위치 즉 손을 뻗기 좋은 위치에 예언해둔 물건을 두는 게 좋습니다.

3 핸드폰에 예언해 둘 때 절대로 '당신은 핸드폰을 고를 것입니다'라는 식으로 적으면 안 됩니다. 왜냐하면 매지션스 초이스 마술 같은 경우엔 관객이 선택한 물건으로 마술이 끝날 때도

있고 마지막에 남겨진 물건으로 마술을 마무리할 때도 있죠. 그러니 그냥 그 물건만 담백하게 적어주셔야 합니다. '핸드폰' 이렇게요.

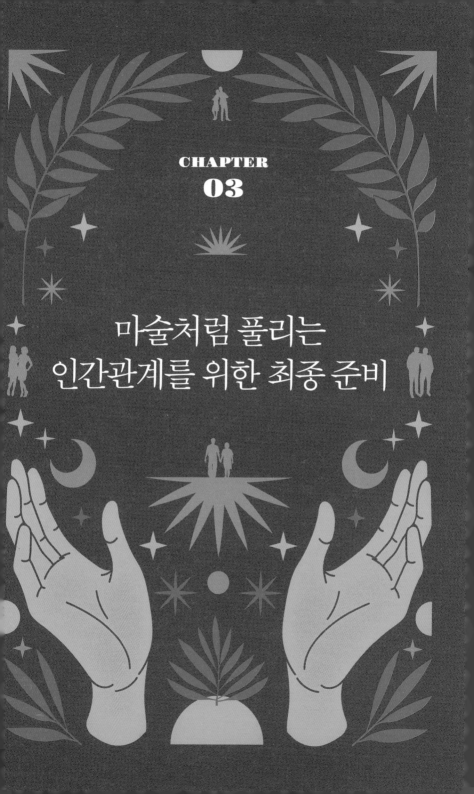

CHAPTER 03

마술처럼 풀리는
인간관계를 위한 최종 준비

마술하기 전에 미리 알아두면
정말 도움되는 7가지

아마 이 책의 목차를 열어 보고 이 페이지부터 찾아본 분들도 계실 것 같은데요. 호기심이 자극되는 제목이라 그랬을 것 같아요. 이런 식으로 여러분의 마술도 상대방의 호기심을 자극하는 게 중요합니다. 어떤 식으로 자극할 수 있는지, 마술을 하기 전 미리 알아두면 정말 도움 되는 것들을 하나씩 알려드릴게요.

··· ① 반드시 뻔뻔해지세요 ···

"즉흥적인 것처럼, 마치 운명인 것처럼, 나도 못 믿겠다는 것처럼!"

마술의 궁극은 나도 속는 거예요. 오른손이 하는 일을 왼손이 모르게 하라는 말이 있죠. 오른손에 쥐고 있던 동전이 사라지고 다른 곳에서 나타나는 마술을 할 때 마술사들은 숙련된 손기술로 오른손에 쥐는 척하면서 교묘하게 왼손으로 동전을 빼돌리는데요. 실제로 오른손은 아무것도 없이 비어있는 상태인 거죠. 그래도 뻔뻔하게 마치 동전이 오른손 안에 있는 것처럼 연기를 해야 하는 겁니다. 하지만 이때 그냥 연기만 하는 걸 넘어서 관객에게 손을 펴서 확인시켜주기 직전까지 마술사들은 그 손안에 정말 동전이 있다고 믿어야 합니다. 실제로 일류 마술사들은 그렇게 연기하고 있어요. 너무 거짓말을 뻔뻔하게 하는 거 아니냐고요? 이 부분에 대해서도 재미있는 일화가 있는데요. 약 8년 전쯤 우리나라 최고의 멘탈리스트인 료 마술사가 제가 있던 자리에서 이런 고백을 했어요.

"난 요즘 더블리프트Double Lift●를 하면서 '여기 맨 위에 카드를 잘 기억해주시고요'라는 말을 할 때 죄책감이 들어… 사실 그 카드는 맨

위가 아니라 두 번째니까."

저는 그 말을 듣고 큰 충격을 받았던 기억이 있습니다. 마술사들은 항상 거짓을 말하고 보여주는 직업이기 때문에 그 거짓에 진심을 담는 연습을 해요. 마술사의 성향에 따라 아무런 거리낌 없이 거짓을 진심처럼 말할 재능이 있는 사람도 있죠. 그런데 마술을 위해서 반드시 해야만 하는 행동임에도 죄책감이 든다는 생각은 제게 다른 시선으로 마술을 바라볼 수 있게 해줬습니다. 하지만 그건 일류 마술사의 직업적 고민인 것이고, 여러분이 마술을 할 때는 능청스럽게 거짓말을 해야 해요. 즉 뻔뻔함이 굉장히 중요합니다. 그렇다면 어떻게 뻔뻔할 수 있는지 설명해 드릴게요.

마술은 신기함, 즉 현실적으로 불가능한 일들을 트릭, 손기술 등을 통해서 가능하게 만들어주죠. 마술 시연을 할 때는 이 순간을 위해서 엄청난 수련을 갈고 닦은 것처럼 보여주기 보다 즉흥적인 느낌, 또는 마치 우연히 일어난 것처럼 표현해 보세요. 그러면 마술의 신기함 수치가 더욱 높아지고 여러분의 마술 실력이 더욱 좋아 보일 거예요.

● 카드 두 장을 겹쳐 한 장처럼 보이게 하는 카드 기술이다.

··· ② 마술을 다양하게 배워보세요 ···

"역시 중화요리는 짜장면이 최고지! 난 짜장면만 만들 거야."

일주일 동안 한 음식점만 이용해야 한다면 짜장면만 만드는 중식 레스토랑보다는 다양한 중화요리를 맛볼 수 있는 곳에 더 많은 사람이 찾아가겠죠. 아무리 맛있는 음식도 하루 3끼를 일주일 내내 먹기는 힘드니까요. 마술도 음식과 별반 다르지 않습니다. 마술도 질릴 수 있습니다. 최대한 다양한 마술을 익혀 보세요.

여러분이 배운 마술을 성공적으로 시연했는데 별로 반응이 좋지 않았다면 그 마술이 상대에게 적합하지 않았을 거예요. 무조건 100% 확실합니다. 여러분이 상대방에게 맞는 마술을 시연하기 위해서는 다양한 마술을 할 수 있어야 해요. 상대방이 여러분의 마술을 보고도 미지근한 반응이라면 물어보는 것도 좋은 방법이에요. 이 마술 본 적 있는지, 또는 안 신기했다거나 다른 문제점이 있었는지를요. 상대방에 대한 정보가 많을수록 그 사람에게 맞는 마술을 보여줄 수 있어요. 실제로 제 아내 같은 경우에는 마술하기 전에 말을 많이 하는 걸 별로 안 좋아합니다. 그래서 시각적으로 바로 드러나는 마술을 보여주곤 해요. 물론 그마저도 잘 안 보려고 해서 조금은 슬프지만···. 반대로 생각해 보면 마술사

남편을 둔 아내들의 고충이 아닐까 싶네요. 평생 마술을 봐줘야 한다는 사실이요.

이외에 연령별로도 적합한 마술을 나눌 수 있어요. 어르신들에게도 조금 전처럼 말보다는 현상이 크고 즉각적으로 보이는 마술이 좋아요. 카드처럼 작은 물건이나 많은 걸 기억해야 하는 마술은 어렵다고 느끼실 수 있거든요. 연령 뿐만 아니라 직업, 성별 등 다양한 사람에게 적합한 마술을 할 수 있도록 최대한 많은 종류의 마술을 배워보기 바랍니다. 진짜 재미있을 거예요.

… ③ 속이는 재미에 빠지지 마세요 …

"신기하죠? 트릭 모르겠죠?"

일단 저 말만 들어도 너무 얄밉네요. 마술은 관람하는 상대방보다 더 우위에 서기 위한 능력이 절대 아니에요. 물론 일시적으로 우월감을 잠시 느낄 수 있어요. 마치 아무도 풀지 못한 고난도의 수학 문제를 나 혼자만 풀었을 때 느낄 수 있는 기분과 같죠. 마술을 본 상대방의 놀라워하는 반응과, 트릭이 무엇일까 고민하지만 도저히 맞출 수 없어 하는 모습이 솔직히 재미있습니다. 저도 어릴 적에는 그 재미에 잠깐 빠져본 적이 있어요. 하지만 절대로 마술을 상대방과 대결하듯이 하지 마세요. 그러면 여러분들의 인간관계가 풀리기는커녕 더욱 외톨이가 될 확률이 높습니다.

··· ④ 남에게 웃음과 행복을, 나에게는 보람과 경험을 ···

마술은 보이지 않는 곳에서 만들어지는 나의 노력으로 상대방에게 볼거리를 제공해 즐거움을 선사하는데요. 하지만 막상 마술 시연을 하다 보면 남에게 마술을 보여줌으로써 성취감, 보람, 즐거움 등 돌려받는 게 더 많다는 걸 깨달을 수 있어요. 마술을 배우면 관객이 꼭 필요하기에, 타인 자체가 여러분들에게 중요하고 소중한 존재라는 걸 느끼게 되기도 하고요.

저는 얼마 전 만난 에스테틱 실장님에게 간단한 멘탈 마술 하나를 알려드린 적이 있어요. 정말 간단하지만 효과가 좋은 마술이라 제가 가르쳐 드리는 동안에도 얼른 마술을 보여주고 싶다며 설레하시더라고요. 이게 바로 마술을 배우고 나서 굉장히 안달이 나는 상황이죠. 그런 실장님에게 마술은 최대한 많이 연습하는 게 좋으니 관리받으러 오시는 고객분들에게 자주 보여드리면 금방 실력이 늘 수 있다고 이야기해 드렸어요. 그런데 갑자기 너무 고맙다고 하시더라고요. 반복되는 일상에 활력이 필요했는데, 벌써 관리하는 시간이 기다려진다면서 활짝 웃는 모습이 정말 행복해 보였어요. 그렇게 제가 머무는 동안 그 에스테틱의 한 편에서는 실장님의 마술 연습 상대인 동료들의 놀라는 목소리가 크게 들려왔고, 그 순간 얼마나 마술 시연을 즐기고 계실지 상상이 되더라고요. 이 이야기가 제가 가장 최근에 경험한 사례에요. 마술을 통해서 여러분도 충분히 일상에 활력이 생기고 내일이 기대될 수 있을 거예요.

… ⑤ 상대방의 호기심을 자극해보세요 …

이건 제가 앞부분에서 가장 먼저 이야기해드렸던 내용이죠. 상대방의 호기심을 자극해야 여러분의 마술이 더욱 효과가 크다고요. 마치 같은 요리라도 배부른 사람과 배고픈 사람이 먹을 때 감동의 깊이가 다른 것처럼요. 쉽게 말해서 여러분의 마술을 보고 싶게 만들어보세요.

"마술 시작 전에 어떻게 호기심을 자극할 수 있나요?"

여러분은 이미 자극적인 맛에 익숙한 전문가나 다름이 없는 상태입니다. 당장 인터넷 기사나 유튜브만 켜 봐도 클릭하고 싶어지는 콘텐츠들이 수두룩한 세상에 살고 있으니까요. 여러분이 시연하려는 마술에 자신이 있다면 그 마술에서 가장 하이라이트인 현상을 먼저 말해버리세요. 예를 들어 지금 당신의 눈앞에서 이 동전이 사라질 거라고요. 그러면 관객은 두 눈을 깜빡이지도 않고 여러분의 손만 바라볼 거예요.

"하지만 전 연습을 많이 하지 못해서 그렇게 집중 받으면 너무 떨려서 실수할 것 같아요…."

이런 분들은 마술 현상으로 호기심을 자극하지 마세요. 앞서 배운 미스디렉션! 상대방의 집중을 다른 곳으로 돌려서 호기심을 자극해보세요. 예를 들어 동전이나 지폐가 사라지는 마술을 하는 상황이라면 동전이 사라지는 마술을 보여줄 거라는 말보다 "야 너 목말라? 음료수 사줄까?"라는 말로 시작하는 거죠. 하지만 이런 방법을 고민할 시간에 연습하시는 걸 추천합니다. 그게 더 마술을 효과적이고 신기하게 보일 수 있는 방법이에요.

··· ⑥ 박수칠 때 떠나라 ···

"와! 진짜 신기하다. 다른 마술도 더 보여주면 안 돼?"

이런 상황이 아마 여러분들에게 가장 용기가 필요한 순간이 아닌가 싶네요. 거절하는 용기. 여러분이 마술사이거나 또는 새로운 마술을 꾸준히 습득한 분들이라면 저 상황은 그토록 기다렸던 순간일 수도 있습니다. 하지만 여러분이 할 수 있는 마술 종류가 5가지 미만이라면 여러분의 마술쇼는 웬만하면 단 한 번으로 끝내는 걸 추천해 드립니다. 아무리 상대방이 더 보여 달라고 조르더라도 현혹되지 마시길 바랍니다. 박수칠 때 떠나세요. 그러다 밑천이 드러나면 안 하느니만 못하게 될 거예요.

··· ⑦ 마술을 빼도 매력적인 사람이 되어야 한다 ···

"아~ 쟤? 그냥 마술만 잘하는 애 아니야? 마술 빼면 별거 없어."

투자에도 그런 말이 있죠. 한 가지에 올인하지 말고 분산투자를 해라. 투자의 기본 중 기본입니다. 투자할 때 분산투자를 해야만

마술처럼 풀리는 인간관계를 위한 최종 준비

하는 이유는 바로 투자 실패에 대한 리스크를 줄이기 위함입니다. 즉 여러분의 매력도 너무 마술 하나로만 집중 투자돼 있다면 여러분은 마술하지 못하는 상황이 왔을 때 아무런 매력도 없는 껍데기 같은 사람이 될 수 있습니다. 제가 실제로 마술을 좋아하는 마니아들, 그리고 마술사 중에도 이런 사람을 너무 많이 봤어요. 절대로 여러분의 매력과 가치를 마술에만 올인하지 마시고 분산투자를 하시기 바랍니다. 반드시 외적 매력과 내적 매력을 키우시고 마술로 센스까지 있는 사람이 되어보세요.

마술 공포증을
극복하는 방법

〰〰〰〰〰〰〰〰

"마술을 하려고 하면 이상하게 긴장이 돼요."

혹시 마술만 하려고 하면 이상하게 말이 잘 안 나오고 상대방의 눈을 바라보기 힘드신가요? 만약 여러분들이 이런 문제를 겪고 계신다면, 이건 꼭 극복해야 하는 문제라고 말씀드리고 싶어요. 마술을 배우는데 극복할 게 있다니 좀 생소하죠. 보통 다른 취미들을 보면 극복이라는 단어를 사용하지는 않으니까요. 하지만 안타깝게도 개인적 성향의 차이로 인해서 마술을 즐길 수 있는 정도도 사람마다 다릅니다. 조금도 떨지 않고 마술 시연을 하는 사람들도 많거든요. 지금부터는 마술 시연 공포증이 있는 분들을 위해 극복하는 방법을 알려드릴까 합니다. 다른 취미도 그 분야의 전문가 또는 수준급 실력자가 되기 위해서 평범한 노력으로 될 수 없는 영역이 있죠.

"근데 그건 전문가라서 그런 거잖아요. 저는 전문적인 마술사가 되고 싶은 생각은 없어요."

보통은 자신의 한계를 뛰어넘는 수많은 노력의 땀방울이 모이고 모여야 전문가가 될 수 있습니다. 물론 실력이 있는 진정한 마술사도 마찬가지죠. 하지만 마술이 가진 힘은 생각보다 더 강력해서 상대적으로 적은 노력으로도 전문가처럼 보일 수 있습니다. 실제로 실력보다 마술이 가진 힘만으로 활동하는 마술사들도 굉장히 많아요. 왜냐하면 마술은 말도 안 될 만큼, 그 어떤 분야보다 가장 빨리 전문가처럼 보일 수 있거든요.

말을 유머러스하게 잘하고 남들 앞에 서는 걸 어려워하지 않는 끼가 좀 있는 사람이, 지금 당장 마술 도구 가게에 가서 50만 원 정도만 투자하면 바로 마술사가 될 수 있어요.

"말이 돼요? 그러면 개그맨들은 죄다 마술사가 될 수 있겠네요?"

좀 황당하지만 사실입니다. 실제로 개그맨 중에 마술을 개그나 공연 소재로 활용하는 사람이 꽤 많았어요. 그래서 한때 실력 검증이 되지도 않은 마술사들이 대한민국에 무분별하게 많아지기도 했습니다. 실제로 마술 공연이 점점 줄어들게 된 안타까운 여러 가지 이유들 중 하나가, 개인적으로는 마술 공연의 수요가 늘어났을 때 전문성이 모자란 마술사들의 퀄리티 낮은 마술 공연이 보여졌기 때문이라고도 생각합니다. 마술에 대한 기본적인 지식이 조금만 있어도 실력 있는 마술사를 알아보는 게 어렵지 않지만 지금 대한민국에서는 실력 있는 마술사를 분별하기가 생각보다 힘든데요. 퀄리티 낮은 마술들이 반복되자 점점 마술 공연의 가치가 하락한 거예요. 실제로 제가 경험한 사례를 하나 말씀드릴게요.

마술사들이 1년 중 가장 바쁜 시기는 5월 가정의 달과 12월 연말이에요. 행사가 무척 많아 하루에 공연을 여러 번 하는 일도 많은데요. 실제로 5월 5일 어린이날에는 마술 공연을 각기 다른 장소에서 5번을 한 적도 있습니다. 오전 10시 유치원 공연으로 시작해서 저녁 8시 호텔 디너쇼까지 밥 먹을 시간도 없을 만큼 공연이 정말 많았어요. 어느 날 행사 섭외 의뢰가 들어왔고 공연 일정을 잡아뒀습니다. 그런데 공연 며칠 전에 갑자기 전화가 와서 다른 마술사가 하게 됐다며 취소를 요청하시더라고요. 저는 그 공연 일정을 잡아두느라 다른 공연을 다 거절한 상태라 취소에 타당한 이유가 있는지 물어봤고, 돌아온 대답은 황당했습니다. 회사 직원 조카 중에 마술을 오래 한 친구가 있는데 그 친구가 차비만 받고 공연을 해주기로 했다더라고요. 결국 실력보다는 돈을 택한 상황이었습니다. 그때는 저도 지금처럼 커리어가 많지 않은 신인 마술사여서 공연 페이가 그다지 높지 않은 30~50만 원 정도였어요. 저는 그래서 아마추어 마술사라면 행사를 기획한 의도에 맞는 퀄리티가 나오지 않을 거라고, 행사 분위기를 생각한다면 제가 아니어도 꼭 프로 마술사를 섭외하시라고 조언하며 연락을 마쳤습니다. 그렇게 며칠이 지나고 공연이 어땠는지, 제게 행사를 의뢰했던 담당자에게 연락해서 물어봤습니다. 행사는 잘 마치셨냐고 묻자 돌아온 대답은

"마술 공연이 생각보다 너무 별로여서 앞으로 마술사는 더 이상 섭외하지 않기로 했어요."

저는 혹시 마술사가 실수를 많이 한 건 아니냐고 물었더니 실수를 좀 하는 것처럼 보이긴 했지만, 마술도 너무 뻔하고 반응이 그리 좋지도 않았다고 하더라고요. 그건 아마추어 마술사라서 그런

거라고 변명 같은 사실을 어필했지만 담당자는 미적지근한 반응으로 전화를 끊어버렸습니다. 아마 지금 페이를 받고 활동하는 마술사 중에서 자기 자신이 마술 공연 시장을 좁히고 있다는 걸 인지하지 못하는 사람들도 많을 거예요.

실제로 마술은 계속 개발되고 있고, 기존에 있던 마술이라도 마술사가 어떻게 응용하는지에 따라 그 재미와 매력이 완전히 달라져요. 마치 유명한 노래를 어떤 가수가 리메이크하는지에 따라 매력이 달라지는 것처럼요. 아니 그 이상으로 달라질 수 있는 게 바로 마술이에요. 음악은 뼈대가 되는 멜로디와 주제는 똑같이 가져간 상태에서 편곡을 시도하지만 마술은 하나의 현상을 가지고도 마술사의 연출력에 따라 전혀 다른 마술로 재탄생될 수 있습니다.

한 가지 설명을 더 해드리자면 눈앞에서 비둘기가 사라지는 마술이 있다고 쳐봅시다. 단순히 비둘기가 사라지는 마술이지만 연출에 따라 살아 있는 비둘기가 액자로 들어가서 그림이 되는 마술이 될 수도 있고, 사라진 비둘기가 새장 속으로 순간이동하는 마술로 재탄생될 수도 있어요.

① 비둘기가 사라지는 마술

② 비둘기가 액자 속 그림이 되는 마술

(비둘기가 사라지는 마술 + 액자에서 비둘기 그림이 나타나는 마술)

③ 비둘기가 새장으로 순간이동하는 마술

(비둘기가 사라지는 마술 + 새장에서 비둘기가 나타나는 마술)

④ 비둘기가 시간을 거슬러 알로 돌아가는 마술

(비둘기가 사라지는 마술 + 알이 나타나는 마술)

제가 마술 공포증을 극복하는 방법을 이야기하다가 갑자기 마술사들의 현 실태에 대해서 설명드린 이유는 바로, 이처럼 마술이 가진 힘만으로 여러분이 보다 쉽게 전문가처럼 보일 수 있다는 것을 알려드리고 싶었어요. 약간의 노력만으로도 큰 효과를 낼 수 있는 거죠. 일반적인 방법으로 내가 특별해진다는 건 생각보다 더 어렵고 단지 노력만으로 절대 될 수 없는 거더라고요. 하지만 마술은 정말 쉽게 어디서든 나를 특별한 사람으로 만들어줄 수 있어요. 누군가에게는 극복해야 할 만큼 힘들 수 있죠. 하지만 원만한 인간관계를 위해서 여러분이 하실 수 있는 그 어떤 노력보다도 마술이 더 효과적이고 쉬울 겁니다. 그리고 재미있을 거예요. 그래서 마술 공포증이 있는 분들을 위해 마술 공포증을 극복해 마술을 즐길 수 있는 방법을 이제 드디어! 알려드리겠습니다. 배운 마술을 열심히 연습했는데 실전에서 써먹으려고만 하면 긴장이 돼 손이 덜덜 떨릴 때, 그럴 땐 한 번 마음을 편하게 해줄 수 있는 주문을 외워보세요.

"실수하면 뭐 어때?"

방법이라고 하기에 너무 간단한 거 아니냐고요? 사람은 내면의 심리 상태가 외부로 표출되는 경우가 많습니다. 저 간단한 주문 하나로 여러분의 부담이 생각보다 많이 해소될 거예요. 애초에 여러분들은 프로 마술사가 아닌 비전문가이기 때문에 마술을 보여주다가 실수할 수 있습니다. 충분히 일어날 수 있는 일이잖아요. 실제로 프로 마술사들도 자기가 연습한 마술을 공연에서 100% 성공시키는 게 생각보다 어렵습니다. 하지만 프로 마술사 대부분은 실수했을 때 대처할 수 있는 대처법까지 준비해놓기 때문에 실수를 한 걸 알아챌 수 없는 거예요. 마치 하나의 연출처럼 보이니까요.

애초에 트릭을 들키지 않고 성공적으로 시연에 성공하면 정말 신기하고 좋겠죠. 하지만 여러분들이 지금 이 책을 읽고 마술을 보여주는 순간은 전문가로서 페이를 받고 즐거움을 선사하려는 게 아니잖아요. 트릭을 들키면 좀 어때요. 여러분들이 상대방과의 관계를 위해서 이런 준비를 했다는 게 중요한 거 아닐까요? 트릭을 들켜버리면 차라리 그 자리에서 알려줘 버리세요. 좀 민망하고 부끄러운 듯이 웃으면서요.

성공했을 때 마술 현상이 어떤 건지를 알려주면서 대화를 이어나가 보세요. 그러면 마술에 대한 호기심으로 인하여 상대방과의 대화가 어느새 자연스럽게 이어지고 있을 거예요. 물론 프로마술사를 지망하는 사람들에게는 절대로 이렇게 말하진 않지만, 단순히 취미로 마술을 즐기시는 분들에게는 꼭 이렇게 생각하라고 말씀드리고 싶어요. "실수하면 뭐 어때?" 이 주문이 앞으로 여러분의 삶에서 마술이 부담스럽지 않고 즐거워질 수 있게 해줄 거라고 생각합니다.

손 떨림을
극복하는 방법

〰〰〰〰〰〰〰〰

"마술을 할 때마다 자꾸 손이 떨려서 부끄러워요."

"아무리 연습해도 수전증은 고쳐지지 않는데 어떡하죠?"

실제로 수전증 때문에 마술 시연을 힘들어하시는 분들이 꽤 계시더라고요. 하지만 선천적으로 수전증이 심한 사람이 아니라면 이 부분은 반복적인 연습으로 반드시 극복할 수 있습니다. 부족한 연습량이 자신감 결여로 이어져서 손 떨림으로 표출되는 거니까요.

그렇다면 선천적으로 수전증이 있는 사람은 극복할 방법이 없을까요? 제가 새로운 방법으로 손 떨림을 극복한 사례를 하나 이야기해 드릴게요.

　제가 중학생 때였어요. 활동하던 마술 커뮤니티에서 모임을 가진 적이 있었는데, 마술 좋아하는 사람들이 모인 자리이다 보니까 모이면 각자 돌아가면서 마술을 하나씩 보여주곤 했어요. 실력 차이와는 무관하게 돌아가면서 마술을 보여주면 서로 칭찬해주고, 좋은 아이디어가 있으면 이야기해 주는 그런 자리였죠. 그때 어떤 친구가 나와서 마술 시연을 하는데 시작부터 엄청 긴장한 게 눈에 보이더라고요.

　"안녕하세요… 어… 음…."
　"잠시 후 제가 마술을 시작하면 진도 4.5도 정도의 지진이 일어날 예정입니다…."
　"놀라지 마세요."

　일반적인 마술의 시작과는 전혀 달라서 무슨 말일까 하며 바라보게 되더라고요. 일단 관객의 호기심을 자극하는 데는 성공한 오프너였습니다.

"음… 무슨 말인지 모르시겠죠? 괜찮아요. 마술을 시작하면 이해가 될 거예요. 제가 카드를 가지고 왔는데요."

카드를 꺼내자마자 갑자기 손을 덜덜 떨더라고요. 그 모습에 그 자리에 있던 모두가 배꼽을 잡고 완전 난리가 났어요. 너무나 위트 있었던 그 친구의 말에 모두가 정신없이 웃었고, 그 친구는 손을 덜덜 떨면서 끝까지 마술 시연을 하더라고요. 그 모습에 그 자리에 있던 모두가 기립박수를 쳤습니다. 그 친구는 선천적으로 수전증이 심한 사람이었던 걸로 기억해요. 시연했던 마술도 제법 고난도였는데 손을 심하게 떨면서도 실수 하나 없이 잘 마무리 했습니다.

아무리 연습해도 나아지지 않는 자신의 손 떨림, 일반적으로 이런 상황이면 마술을 포기할 법도 한데 오히려 자신의 단점을 개그로 승화시켜 극복한 모습을 보고 저는 큰 충격을 받았어요. 약 18년이 지난 지금도 잊지 못할 만큼 인상 깊었습니다. 여러분들 중에도 손 떨림으로 마술 시연이 힘든 분이 있다면, 차라리 그 친구의 지진 농담을 활용해보세요. 아마 여러분의 생각보다 더 유쾌하고 매력 넘치는 마술 시연을 하게 될 수 있을 거예요. 피할 수 없으면 즐겨라. 손 떨림을 멈출 수 없을 땐 차라리 손 떨림을 이용해보세요.

마술처럼 풀리는 인간관계를 위한 최종 준비

지나친 걱정은
하지 마세요

"첫 만남에 마술을 보여줬는데 웬 마술이냐며 저를 이상하게 보지
는 않을까 걱정돼요."

누구나 첫 만남은 어색하고 부담스럽기 마련이죠. 하지만 너무
걱정하지 마시고, 그냥 자신감 있게 보여주세요. 걱정이 너무 많
으면 될 일도 안 될 때가 많아요. 상대방과 입장을 바꿔서 조금만
생각해보면 바로 알 수 있는데요. 여러분이 소개팅에 나가서 처음
만난 상대와 카페에서 커피를 마시는 약간 어색한 상황으로 예시
를 들어 볼게요.

"제가 최근에 마술을 하나 배웠는데, 마술 좋아하세요?"

라는 말로 마술 하나를 보여준다는 상대. 그렇다면 여러분들은 이 상황에 뭐라고 대답을 할까요? 한 번 상상해 보세요.

아마 "네, 보여주세요" 또는 "오, 무슨 마술인데요?"라는 식으로 관심이 담긴 대답을 하겠죠. 제가 정확한 통계를 내릴 수는 없겠지만, 제 경험상 거의 대부분 수긍을 해요. 저는 단 한 번도 저런 상황에서 거절을 당했던 적은 없었던 것 같아요. 다만 제가 설명을 해드리는 이 상황은 2장에서 이야기한 상황들, 즉 소개팅이나 비즈니스 미팅처럼 여러분의 일상생활에서 마술을 보여줄 수 있는 상황을 말하는 거예요. 길거리에서 지나가는 사람을 대상으로 헌팅을 하듯이 하는 그런 상황들은 전혀 해당되지 않습니다. 길거리 마술은 마술사들도 거절을 많이 당하거든요.

여러분이 마술을 보여준다고 권하는 상황, 즉 상대방이 먼저 호의적으로 나에게 뭔가를 해 준다고 하는 상황에 대놓고 무시하는 사람을 저는 아직 본 적이 없어요. 그럴 것 같은 사람은 애초에 제가 만나지 않았던 것도 있을 거고요. 저와 맞지 않는 부류의 사람이었을 테니까요. 상대방과 처지를 바꿔서 생각해보니 좀 이해가 가지 않나요?

"아니 뭐 이런 걸 준비해서 보여줘?"

"마술이 뭐야. 진짜 별로다…. 센스도 없고."

아마 여러분을 정말로 싫어하는 사람이 아니고서야 이렇게 반응할 사람은 제 경험상 없다고 생각합니다. "제가 이런 만남이 낯설어서 어떻게 하면 좀 분위기를 좋게 할 수 있을까 싶어 마술을 배워왔어요~" 이렇게 말하면서 서툴게 마술을 보여주면 오히려 귀엽기도 하고 배려심 있어 보이지 않을까요? 굉장히 비관적이거나 어디가 꼬여 있는 사람이 아니라면 대부분 여러분이 마술을 보여준다고 했을 때 좋아하겠죠. 나아가서는 고마울 수도 있고요. 난 아무것도 준비해온 게 없는데 처음 만난 자리를 위해서 마술을 준비해왔다는 것 자체를 고맙게 느낄 겁니다. 부담 느낄 게 뭐 있어요.

그리고 그런 여러분의 행동을 이상하게 생각하는 사람이면 애초에 여러분과 안 맞는 사람일 거예요. 그냥 자신감 있게 들이대세요. 상대방이 좀 부담스러워하면 어때요. 뭐 나랑 사귀자, 돈 좀 빌려줘 이런 부탁을 하는 것도 아니잖아요. 상대방에게 마술 관람료를 받을 것도 아닌데 너무 많이 걱정하실 필요 없어요. 자신감을 가지세요.

이런 사람에겐 절대
마술을 보여주지 마세요

마술 시연에 성공했는데 묘하게 불쾌한 기분이 들거나 애초에 마술 시연을 하기 싫어질 만큼 내 의도대로 따라와 주지 않는 사람을 만나 보신 적 있으신가요? 아직 그런 경험이 없다면 참 다행이지만 앞으로 계속 마술 시연을 하다 보면 그런 사람을 반드시 만나게 될 거예요. 여러분의 선의를 짓밟는 빌런은 어느 곳에나 존재하니까요.

의도적으로 마술을 방해하는 사람 또는 악의적인 의도는 없지만 마술을 할 때 묘하게 마술사의 신경을 거슬리게 하는 사람들을 헤클러Heckler라고 하는데요. 이 헤클러들은 실제로 꽤 무례하게 마술을 방해하곤 합니다. 함부로 마술 도구를 가져가 확인해 보는 일도 있고 마술을 꽤 진행한 상태에서 갑자기 다른 제안을 해 곤란하게 만들기도 해요.

그런 사람들에게 어떻게 대처해서 마술을 보여주는지 알려드리고 싶지만 그건 웬만큼 연습해서는 극복하기 힘든 수준이에요. 보통 마술사들은 이런 헤클러를 상대로도 마술을 보여줘야 하는데요. 이게 바로 마술사라는 직업의 고충입니다. 그나마 다행인건 이런 헤클러들은 생각보다 많지 않아요. 하지만 여러분들은 마술사가 아니기 때문에 절대로 이런 사람들에게 마술을 보여주지 않는 걸 추천드립니다. 그냥 피하는 게 상책입니다. 정신 건강에 해로우니까요.

"하지만 그 헤클러가 제 어머니예요."
"혼자 마술을 연습하고 있으면 찾아와서 마술을 보여 달라고 하는데 어떡해야 할까요?"

완전히 남이면 상관없겠지만 의외로 헤클러들은 바로 여러분들의 가족이나 친한 친구인 경우도 있는데요. 하지만 아무리 나와 가까워도 헤클러는 헤클러입니다. 이 점을 꼭 명심해주세요.

마술을 배우면 내향성을 극복해, 마술처럼 인간관계가 풀린다고 말씀드렸는데요. 그렇다면 마술이 여러분의 내향성 극복에 어떤 영향을 미치는 걸까요? 바로 자신감을 심어주는 겁니다. 처음 만난 상대방과 어색하지 않게 대화를 시작할 수 있는 특별한 능력이 내게 있다는 자신감이요. 그리고 그 자신감이 여러분을 긍정적으로 만들어 줄 거예요. 그렇다면 자신감을 가지고 긍적적인 마음으로 내향성을 극복하기 위해서 또 해야만 할 게 뭐가 있을까요? 바로 자기 자신의 감정에 대해서 솔직해지는 거예요. 아무리 나와 가까운 관계의 사람이어도 여러분들에게 상처를 입히는 행동을 허락할 필요는 없어요.

숙련된 프로 마술사들은 헤클러를 만나면 마술 시연은 큰 문제 없이 성공할 수 있지만 기분이 그리 유쾌하진 않아요. 온갖 방해를 뚫고 마술 시연에 성공하더라도 쉽사리 인정하지 않는 경우도 많거든요. 그래서 제가 여러분들에게 헤클러들을 만나면 절대로 마술을 보여주지 말라고 하는 거예요. 여러분의 마술이 성공적으로 끝났음에도 그들은 여전히 여러분의 기분을 상하게 할 수도 있어요. 힘들게 산을 오른 보람이 없을 수도 있는 거죠.

그런데 마술을 할 때 딴죽을 거는 사람들 전부가 헤클러는 아닙니다. 자신감이 있는 사람과 자존심을 부리는 사람은 마술을 볼 때 비슷해 보이는 경향이 있습니다.

마술처럼 풀리는 인간관계를 위한 최종 준비

"난 이 마술 트릭에 속지 않을 자신이 있어!"

　자신감이 많은 사람도 헤클러와 비슷한 느낌, 즉 조금은 건방져 보이는 느낌으로 마술을 보기도 하거든요. 하지만 자신감이 있는 사람과 자존심이 강한 사람의 명확한 차이가 있습니다. 운동으로 예를 들면 자신감이 넘치는 사람은 대결하기 전 상대에게 절대로 지지 않을 거라고 호언장담을 했더라도 패배하면 불편한 기색 없이 상대방을 인정해 줍니다. 하지만 자존심만 강한 사람은 패배하더라도 인정하지 않는 경우가 많아요. 그들이 자신의 존재 가치를 높이는 방법은 바로 자기 자신을 남에게 굽히지 않는 것이기 때문이에요. 이 두 성향의 경우 상당히 비슷하기 때문에 마술 시연이 끝나야만 알 수 있어요. 자신감이 넘치는 사람은 마술 시연 후 태도가 돌변하며 마술을 보여준 사람을 치켜세워 줍니다. 제가 약 10년 전 한 마술 공연에서 만난 자신감 1등 대기업 회장님 이야기를 해드릴게요.

　그분은 제가 앞서 설명한 자신감이 넘치시는 분이었습니다. 보통 공연을 진행할 때 객석에서 마술사보다 큰 소리를 내어 자신의 의견을 표출하는 경우가 많지 않은데요. 제가 사람의 생각을 읽는 멘탈 마술을 보여드리겠다고 운을 띄웠더니, 갑자기 손을 번쩍 드시면서 "그러면 마술사 양반 내 생각도 읽을 수 있습니까?"라며 약간은 헤클러 같은 느낌의 질문을 하시더라고요. 그 당시 저는 살면서 그렇게 자신감이 넘치는 사람을 만나 본 적이 별로 없어서 헤클러인 줄 알았습니다. 마술이 진행되는 동안 회장님과 저는 팽팽한 기 싸움을 했고, 마침내 회장님이 머릿속으로만 생각한 카드를 맞췄어요. 회장님은 자리에서 벌떡 일어나시더니 기립박수를 치면서 살면서 봤던 마술 중 가장 신기한 마술이었다며 극찬을 해주시더라고요. 그 뒤부터는 그 자리에 있던 수많은 관객 중 가장 크게 호응하시며 마술 공연을 즐겨주셨어요. 자신감 있는 사람들은 이런 방식으로 마술을 관람합니다.

그렇다면 자존심이 강한 사람들은 어떤 반응을 보일까요? 본인이 마술에 직접 참여한 상태라면 마술사가 온갖 방해를 극복하고 마술 시연에 성공하더라도 결코 인정하려 하지 않습니다.

"아~ 알았다. 그 마술 카드 넣는 척하면서 몰래 빼돌리는 거지?"
"에이~ 한 번 더 하면 내가 알아챌까 봐 안 보여주는 거지?"
"신기하긴 한데~ 어차피 다 사기잖아~"

이 사람들이 이렇게 행동하는 이유는 바로 상대방의 속임수에 내가 속아서 졌다는 느낌을 받아서입니다. 즉 패배감을 느낀 거죠. 그들은 마술이 하나의 퍼포먼스나 예술 같은 볼거리라기보다 일종의 대결로 생각합니다. 트릭을 맞추면 이기고 못 맞추면 지는 자존심 대결. 마술의 특성상 불가능을 가능하게 해주는 트릭이 존재하고 그 트릭이 하나의 마술로 보여지기 위해서는 수많은 노력이 필요한데요. 하지만 자존심이 강한 사람들의 특징은 마술을 보여준 사람의 노력을 보지 않고, 단순히 트릭에만 집중해서 자기감정을 표출하기 급급해요. 여러분들은 상대방과 대결하기 위해 마술을 보여주는 게 아니잖아요. 시비를 걸어오면 그냥 피하세요. 똥이 무서워서 피하는 게 아니라 더러워서 피한다는 말이 있듯이 이런 사람들에게는 절대로 마술 보여주지 마시기를 바랍니다.

마술을 언어로,
'나'라는 사람을 보여주세요

마술은 신기함이 정말 중요하죠. 하지만 신기하기만 하고 끝나는 게 아니라, 그 신기함을 기반으로 마술을 보여주는 사람에 따라 어떻게 포장되는지도 중요해요. 예를 들어 밀가루가 제빵사를 만나면 빵이 되고, 요리사를 만나면 면, 김치전, 만두, 수제비 등등 전혀 다른 걸로 재탄생 되듯이 마술도 마찬가지거든요.

마술을 포장한다는 게 무슨 말이냐고요? 제가 한 가지 마술로 더 쉽게 설명해 드릴게요. 휴지 재생 마술 한 번쯤 본 적 있으시죠? 티슈 한 장을 뽑아 관객이 보는 앞에서 휴지를 갈기갈기 찢은 뒤 그 휴지를 뭉쳐서 호~ 하고 불어주면 다시 휴지가 붙어버리는 재생 마술이에요. 이 마술을 그냥 휴지 찢기 마술로 보여줘도 신기하지만 포장하면, 즉 이야기를 담으면 좀 더 전달력이 높아집니다. 이 마술을 마음에 상처가 남아 힘들어하고 있는 사람에게 보여준다고 가정해 볼게요.

"살다 보면 일과 사람에 치여서 상처받거나, 나 스스로에게 상처주는 일이 일어나곤 하죠"라는 말에 맞춰 휴지를 갈기갈기 찢어주세요.

"상처를 입으면 겉은 멀쩡해 보여도 속은 엉망진창일 때가 많아요. 마치 갈기갈기 찢어진 이 휴지처럼요"라는 말을 하면서 찢긴 휴지를 보여주세요.

"한 번 찢어진 이 휴지를 이렇게 뭉쳐준다고 해도 다시 붙을 리 없듯이 마음의 상처도 쉽게 낫질 않아요"라는 말로 찢어진 휴지들을 뭉쳐주세요.

"하지만 그렇다고 그 상처를 방치하지 마세요. 계속 스스로를 아끼고 보살핀다면 언제 상처를 입었냐는 듯 새살이 돋아날 거예요. 마치 이 휴지처럼요"라는 말로 찢어진 휴지를 꾹꾹 눌러붙이는 것처럼 보여준 뒤 휴지를 천천히 펴 보세요.

"나 자신을 소중하게 생각하고 보살펴 주세요"라는 마지막 메시지와 함께 재생된 휴지를 상대방에게 건네주세요.

간단한 휴지 마술이 마음에 상처가 있는 사람들에게 희망을 주는 마술로 재탄생 했죠. 제가 1장 「마술과 인간관계의 연관성」에서 설명한 것처럼, 이게 바로 마술을 하나의 언어로 사용하는 방법 중 한 가지예요. 또한 여러분이 준비한 마술에 여러분의 생각과 가치관을 담아 보여줄 때 상대방의 리액션을 살펴보면 나와 공감대가 얼마나 형성되는 사람인지도 알 수 있습니다. 내 말에 경청해주는 사람인지, 잘 웃는 밝은 사람인지 아닌지 등을 통해서 말이죠.

저는 이런 과정들을 통해서 지금의 아내를 만났습니다. 제 아내와 연애하기 전 친구였을 때, 오히려 먼저 다가와 제게 마술을 보여 달라고 하더라고요. 그래서 저는 처음에 아내가 마술 보는 걸 정말 좋아하는 줄 알았어요. 왜냐하면 마술을 볼 때 정말 잘 웃어주고 리액션도 너무 좋았거든요. 근데 한참 뒤 물어보니 마술 보는 게 좋긴 했지만 그냥 마술을 보여주며 즐거워하는 제 모습이 이상하게 보기 좋았던 것 같다고 하더라고요. 저에게 이성으로써 호감이 전혀 없었던 상황에 말이죠. 그렇게 저는 저를 배려해주고 기죽이지 않는 좋은 사람을 만나 평생을 함께하기로 약속했습니다. 지금은 제 옆에서 10년이 넘는 시간 동안 제가 마술을 연습하는 과정을 다 지켜봤기 때문에, 마술 보는 걸 따분해하곤 해요. 하지만 제가 막상 마술을 보여주면 가장 날카롭게 정확한 피드백을 해줘요. 듣기 좋은 소리가 아닌 제게 도움이 되는 현실적인 피드백을요.

이외에도 저는 제 주위에 정말 좋은 사람들과 함께 일하면서 생활하고 있습니다. 이 모든 게 다 마술 덕분에 일어난 일이죠. 여러분도 마술을 하나의 언어로 사용해 나와 잘 맞는 사람을 찾길 바랍니다. 혹시 모르죠. 저처럼 소울메이트를 만날지도요.

마술을 목적으로 두지 마시고 마술을 하나의 언어로 사용하라는 이야기, 이 책에서 가장 많이 강조했던 내용인데요. 하지만 마술을 하기에도 바쁜 상황에 이야기까지 전달하는 게 처음에는 쉽지 않으실 거예요. 내 말이 상대방에게 확실히 전달되려면 말 안에 진심이 담겨야겠죠. 배우들도 연기 속에 진심을 담기 위해서 수많은 연습을 합니다. 왜냐하면 표정과 말투, 그리고 억양이 조금만 어색해도 연기임을 알아챌 수 있으니까요. 일명 발연기라고도 하죠. 그렇게 말로만 상대방에게 진심을 전달하기도 쉽지 않은데, 마술을 하면서 이야기에 집중하도록 만들어야 한다니, 입담에 타고난 재능이 있지 않고서야 쉽지 않으실 거예요.

상대방이 여러분의 이야기에만 집중할 수 있도록 반드시 마술 연습을 많이 하셔야 합니다. 거의 무의식적으로 마술을 할 수 있을 정도로요. 왜 그렇게까지 연습을 많이 해야 하냐면요. 상대방과 눈을 마주한 상황에 상대방의 시선이 다른 곳으로 이동하면 여

러분도 무의식적으로 그곳을 바라보게 되잖아요. 여러분이 이야
기하는 상황 속에서 마술하느라 집중이 흐트러지면 상대방도 그
어색함을 본능적으로 알아챌 수 있습니다. 그렇게 되면 여러분이
전달하고 싶은 메시지의 농도가 흐려집니다. 19년 마술 인생을
걸고 이걸 해결할 방법은 한 가지밖에 없다고 장담할 수 있습니
다. 연습하세요. 마술하는 데 신경을 쓰지 않고 이야기 하는 것에
만 집중할 수 있도록 말이죠. 이게 유일한 방법이자 여러분의 인
생을 더욱 좋은 길로 인도할 방법입니다. 여러분의 마술을 마술로
만 끝나게 내버려 두지 마세요. 마술을 통한 이야기로 '나'라는 사
람에게 집중하게 만드세요. 그러면 상대방은 어느새 여러분의 매
력에 흠뻑 빠져있을 겁니다.

사람을 끌어당기는
사람이 될 거예요

제가 지금까지 주로 먼저 다가가는 방법에 대해서 많이 알려드렸는데요. 사실 마술을 하다 보면 자연스럽게 주위에 소문이 나서 사람들이 먼저 여러분을 찾아오는 경우가 많아요. 마술은 사람을 끌어당기는 힘이 있어서 여러분이 어느 정도 마술을 즐길 수만 있게 돼도 많은 것들이 변할 거예요. 처음이 어렵지, 그다음부터는 정말 쉬워질 겁니다. 마술은 막상 배우고 나면 보여주고 싶어서 안달이 나게 돼 있거든요. 그걸 조금만 즐겨보세요. 원래 어떤 취미든 초반이 가장 재미있잖아요. 이것저것 하고 싶은 것도 많고요. 하지만 나의 개인적인 만족감과 자기계발만으로 끝나는 다른 취미들과 달리 마술은 더 쉽게 다른 사람을 행복하게 해줄 수 있어요. 노래나 춤도 물론 다른 사람들에게 행복을 줄 수 있지만 그러기 위해선 정말 큰 노력이 필요하잖아요. 그 누구도 노래를 못 부르는 사람의 노래나 열심히만 추는 춤을 보고 행복감을 느끼기는 힘들죠. 하지만 마술은 다른 취미에 비해서 들어가는 시간과 노력이 말도 안 될 정도로 절약될 수 있어요. 그렇게 여러분들이 마술을 보여주는 즐거움에 흠뻑 빠져있는 동안 주위를 둘러보면 어느새 여러분은 자석처럼 사람을 끌어당기는 매력적인 사람이 돼 있을 거예요. 저는 원래 사람을 끌어당기는 사람은 아니었어요. 늘 제가 먼저 다가가는 사람이었죠. 하지만 그랬던 저도 이렇게 사람을 끌어당기는 매력을 가지게 되었습니다.

마술을 연습하는 재미에 빠져보세요. 앞서 이야기해 드린 것처럼 마술은 배우면 굉장히 보여주고 싶은 욕구가 생겨나서 내 마술을 봐줄 사람을 찾아다니게 됩니다. 새로운 마술을 배우고 그 마술을 연습하다 보면 여러분은 어느새 누군가를 만나 마술을 보여주고 있을 거예요. 그리고 그렇게 정신 차려보면 인싸가 돼 있을지도 모르겠네요.

삶에 마술을
집어넣는다는 것

지금까지 정독하신 분들이라면 마술과 인간관계의 연관성, 마술이 나에게 미치는 영향에 대해서 조금은 이해하셨을 거라 생각합니다. 하지만 마술이 아니어도 평범한 대화조차 긴장이 되는 분들은 '과연 내가 마술을 타인에게 보여줄 수 있을까?'라는 생각이 들어 결국에는 포기하게 되는 경우도 많을 거라고 생각이 드는데요. 하지만 아무런 노력 없이는 그 어떤 열매도 맺을 수 없죠.

사람은 혼자 살아갈 수 없더라고요. 이런 저도 밖에서 새로운 사람을 만나는 것보다 집에서 가족들과 있는 걸 더 좋아하는 여전히 내향적인 사람입니다. 하지만 외향성이 필요한 순간에 언제든 마술의 힘으로 내향성을 극복할 수 있게 된 거예요. 즉 세상을 살아가는 요령을 터득하게 된 셈이지요. 여러분도 인생에서 인간관계를 위한 다양한 노력이 필요한 순간에 마술로 보다 쉽게 풀어나가실 수 있으실 거예요. 제 노하우 중에 책으로 담을 수 있는 부분은 최대한 담아보려고 노력했습니다. 이 책은 여러분이 얼마나 인간관계를 풀어나가기 위해 노력하는 사람인지에 따라 활용도 차이가 크지 않을까 싶어요.

저는 평소에 주위 사람들에게 럭키가이라는 말을 제 스스로 하고 다닐 정도로 참 운이 좋았다고 생각했어요. 하지만 다시 생각해보니 좋은 일들이 단순히 운이 좋아 제게 찾아온 게 아니었어요. 내향성을 극복하기 위해 노력하며 제가 직접 만든 상황과 환경 덕분에 찾아온 기회들이었죠. 그리고 저를 기억하고 좋게 생각해주는 사람들 덕분이었어요. 한 번도 빠짐 없이요.

저는 굉장히 내향적이고 평범한 사람이었지만 마술이 찾아온 순간 저 스스로 빛을 내는 사람이 되었습니다. 그렇게 제 안에 생겨난 작은 빛을 점점 더 밝게 빛나게 하는 재미에 푹 빠져버렸고, 지금도 여전히 그 재미를 즐기며 살아가고 있어요.

마술을 잘하게 되어도 성격, 성향 자체가 완전히 달라지지는 않더라고요. 하지만 더 이상 낯선 사람들과의 낯선 자리가 불편하고 걱정돼 숨어버리지는 않습니다. 마술로 모두를 즐겁게 할 자신이 있으니까요. 그리고 마술이 아니어도 그동안의 경험을 통한 내공으로 대화가 어렵지 않게 됐습니다.

마술은 언제 어디서나 여러분들을 특별한 사람으로 만들어줄 거예요. 그리고 반복되는 일상에 지친 사람들을 한 번이라도 웃을 수 있게 해줄 거예요. 마술을 단지 트릭, 사기라고 치부해버리는 사람들을 만나는 게 무서워서 마술 시연을 멈추지 마세요. 오히려 마술을 즐기지 못하고 부정적으로만 바라보는 사람들을 안쓰럽게 바라보며 마술을 즐기고 있는 '나'에게 집중해보세요. 결국 모든 인간관계도 '나'로부터 시작되는 것이기 때문에 마술로 나의 부족한 부분을 감춘다는 느낌이 아닌 '나는 이미 충분히 괜찮은 사람이지만 그런 내 모습을 사람들이 더욱 잘 알아볼 수 있도록 마술이 도와주는 거야'라고 생각하시는 게 맞을 거예요. 수많은 사람 중에서 좋은 인상으로 기억에 남을 수 있게 해주는 가장 쉬운 방법, 그게 바로 마술입니다. 이 방법이 여러분의 인생을 더욱 특별한 곳으로 인도해 줄 거예요.

한 번뿐인 여러분의 삶에 마술 같은 일들이 일어나길 바라며 이 책을 마칩니다.

마술처럼 풀리는 인간관계

초판 1쇄 발행 2022년 6월 15일
초판 2쇄 발행 2024년 6월 15일

지은이 니키
발행인 홍경숙
발행처 위너스북
경영총괄 안경찬
기획편집 김서희, 이다현
마케팅 박미애
출판등록 2008년 5월 2일 제2008-000221호
주소 서울 마포구 토정로 222, 201호(한국출판콘텐츠센터)
주문전화 02-325-8901
팩스 02-325-8902
디자인 [★]규
지업사 한서지업
인쇄 영신문화사
ISBN 979-11-89352-54-7 (13190)